Jaime Manrique

El libro de los muertos

[Poemas selectos 1973-2015]

artepoética
press

Nueva York, 2016

Title: El libro de los muertos [Poemas selectos 1973-2015]
ISBN-10: 1-940075-39-4
ISBN-13: 978-1-940075-39-6

Design: © Ana Paola González
Cover & Image: © Jhon Aguasaco
Author's photo by: © Raúl Jalube
Editor in chief: Carlos Aguasaco
E-mail: carlos@artepoetica.com
Mail: 38-38 215 Place, Bayside, NY 11361, USA.

In memoriam
Bill Sullivan

ÍNDICE

Jaime Manrique Ardila del Magdalena al Hudson

Alejandro Oliveros

En uno de sus ingenios más recordados, George Steiner se sirvió del término "extraterritorial" para referirse a escritores que, como Beckett o Nabokov, o Heine y Wilde antes, sintieron la necesidad de expresarse en una segunda lengua, correspondiente a la del país a donde habían ido a parar con sus blancos huesos. Jaime Manrique Ardila es uno de los casos más conspicuos de esta condición en la literatura contemporánea de Hispanoamérica. Con la misma fortuna ha escrito ficciones y poesía en castellano e inglés. Como se sabe, el bilingüismo en literatura puede ser una apuesta arriesgada, como la del que vive al mismo tiempo en dos casas. Porque de eso se trata, pues no otra cosa que la "casa del ser" es el lenguaje. El riesgo, en estos casos, es perder ambas lenguas, o casas, en el intento: "Se me está olvidando el castellano y nunca voy a aprender bien el inglés", es una queja frecuente entre los que han dejado atrás su país natal de habla hispana para irse a radicar en Norteamérica. Y no es difícil imaginar que este ha sido el destino de millones de inmigrantes. Este no es el caso de Manrique, quien, en apariencia, parece haber entrado en posesión de una segunda casa, sin haber abandonado para nada la primera. Pero las apariencias no son sino eso, y lo que sentimos es que, al final, el autor ha pagado demasiado caro su pretensión; y, más que una patria doble, con lo que se ha quedado es con un doble destierro. Exiliado en Estados Unidos, su patria de adopción, y exiliado en Colombia, su tierra natal. De allí su dramática extraterritorialidad. De esta condición desdoblada, habla Manrique en no pocos de los mejores poemas de esta colección. Y lo hace sacando provecho de la particular "permeabilidad" de su psique, que se impregna con la misma intensidad de los calores verdes de la selva húmeda del Magdalena, como de los fríos cristalinos de las riberas del Hudson:

> *Puerto Colombia era ya para ese entonces*
> *un pueblo fantasma.*
> *El muelle de madera,*
> *en su época el más largo del mundo,*
> *estaba en ruinas*
> *y hacía años, tal vez décadas,*

que los barcos habían dejado de atracar.
Una franja de arena
había surgido entre la playa
de la bahía y el mar abierto,
y las aguas estancadas
eran un criadero de mosquitos,
aguamalas y otras alimañas.

("Los años de Nat King Cole*")*

La primera nevada ha caído.
La navidad será blanca
como este momento en el parque solitario-
un cementerio en desuso,
y corro en la nieve con los brazos extendidos
mientras pienso: Gracias al Señor Creador
de la nieve. Aleluya por este momento de luz,
por darme este instante,
por darle otra oportunidad a mi corazón y a mis ojos.

("Invierno en Wall Street"*)*

Una experiencia bilateral que, en momentos, casi epifánicos, se resuelve en una síntesis tan ideal como rara:

Es curioso cómo en días amables
camino hasta el parque,
me siento en un banco a observar
el Hudson, como en otras épocas
contemplaba el río Magdalena.
....
Es curioso cómo he pasado
gran parte de mi vida
en ciudades ribereñas;
cómo el río acabó convirtiéndose
en mi destino.

("El remolcador"*)*

Pero la extraterritorialidad no es lo único que distingue a Manrique entre los poeta hispanoamericanos de su generación. Sus años largos en los Estados Unidos lo asimilaron a un modo poético confesional, que no ha sido el más frecuentado entre nosotros. Sus modelos han sido poetas como su admirada Anne Sexton, para la cual la poesía no fue sólo canto, sino también catarsis, desahogo, alivio, sanación, reencuentro. Nunca ha sido fácil para los poetas poner sus corazones al desnudo, para eso inventaron las metáforas y demás figuras retóricas. Robert Lowell, el maestro de este modo, deja de lado la oblicuidad, y la oscuridad, para confesarse en público, de manera impune e indecorosa. De Lowell, por sus poemas, conocemos los nombres de sus hijos, esposas y amantes, sin necesidad de acudir a una biografía autorizada. Nos enteramos de las intimidades familiares y las historias clínicas de sus dolencias leyendo sus libros. Manrique cultiva este modo poético de manera afortunada, de los pocos que lo hicieron en su tiempo. Sin los excesos del norteamericano, nos enteramos de los orígenes humildes de su familia, la ausencia dolorosa del padre ("Hay preguntas que quisiera hacerle al efluvio de mi padre/ si él no estuviera embelesado con la noche y sus misterios,/ si yo conociera el lenguaje de los muertos"), de la apariencia del amante de su madre ("El amante de mi madre se parecía a Jeff Chandler/ pero cantaba canciones de Nat King Cole"*), los ritos de paso ("Fue allí que mi tío Herman me enseñó a 'ser hombre'./ Ser hombre significaba tomar cerveza tras cerveza/ hasta la inconciencia/ y luego celebrar la muerte de los partidos/ en el único prostíbulo del pueblo"), su homosexualidad ("me acosté/ con miles de hombres/ de todos los tamaños y colores/ aunque mis favoritos fueron/ los muchachos campesinos/ y rubios de Nueva Inglaterra"), la dependencia angustiosa de la madre ("En la casa de mi madre/los destellos de los astros/ me perforan con nostalgia, y cada hilo de la red que circunvala este universo/es una herida que no sana") y sus mejores ambiciones ("Mi mayor ambición/ es la de escribir al menos/ un poema que sea leído en el futuro/ por algún joven enardecido/ quien exclamé: 'Manrique tenía cojones'").

Un tercer atributo subraya la condición extraterritorial de Manrique en su poesía. Me refiero a su cultivo de un género con pocos entusiastas en la lírica en castellano del siglo XX, eso que los anglosajones tienen como una muestra de genio y que han llamado "poesía narrativa". En una ocasión, Octavio Paz, confesaba en una entrevista a Alvaro Mutis, que el poeta moderno se había limitado a cantar, olvidando que la poesía es asimismo cuento. En el caso de Paz, lamentablemente, es cierto. Pero no en el de

Mutis, sin duda el más afortunado de los que han hecho suyo el poema narrativo y el más claro antecedente de Manrique. Ambos, poetas al par que narradores. Y a ellos, los narradores profesionales, dejaron los poetas modernos el oficio de contar, como si Homero y Virgilio o Dante y Milton, hubiesen dedicado sus desvelos a otra cosa que no fuera cantar los cuentos maravillosos de la caída de Troya y del Paraíso. En textos como "El Barranco de Loba, 1929", "Metamorfosis", "Los años de Nat King Cole", "Mi noche con Federico García Lorca" o "Al era de Alabama", nuestro poeta se expresa como uno de los mejores exponentes del género en el castellano contemporáneo. Canta y cuenta sus asuntos, que es lo que, en esencia, es la poesía:

> *Sucedió en París.*
> *Pepe me invitó a cenar*
> *con un tal Federico*
> *que iba rumbo a Nueva York.*
> *Yo tenía diecinueve años.*
> *Federico me llevaba once*
> *y acababa de terminar*
> *una relación en España*
> *con un escultor*
> *que lo había maltratado mucho...*
>
> *Nunca volví a verlo.*
> *Se marchó a Nueva York*
> *y luego a Cuba y Argentina.*
> *Más tarde, el segundo amor*
> *de su vida fue asesinado*
> *defendiendo la República.*
>
> *Todo eso sucedió en París*
> *hace ya casi sesenta años.*
> *Fue sólo una noche de amor*
> *mas ha durado toda mi vida.*

A pesar de su extraterritorialidad, pocos poetas más colombianos o hispanoamericanos que Manrique. Ese olor a selva mojada, a río cenagoso, a lluvias de monos y sapos; esas imágenes verdes de hojas de plátano, de

"Capilla Sixtina vegetal" que son las de nuestro triste trópico. Pero no sería extraterritorial en toda la extensión del steineriano término, si no sintiéramos frío al caminar con él por una helada Wall Street o respiraramos el otoño ocre de Amherst.

A pesar de su título, y de todas las tristezas y pérdidas que lo recorren, *El libro de los muertos* desborda vitalidad. Manrique no ha dejado que la vida pase delante de sus ojos, como los remolcadores de sus ríos; no ha presenciado el filme de la vida desde una butaca, ha preferido protagonizarla con intensidad y lucidez. Sus poemas cantan y cuentan este protagonismo, y lo hacen de manera cordial y reveladora. En cualquiera de sus territorios, de sus lenguas, de sus casas, nuestro poeta ha escrito una de las poesías más apasionantes de su generación. Su lectura nos acerca a la aventura de la vida que, no por absurda, deja de ser maravillosa.

Caracas, 2015

LOS ADORADORES DE LA LUNA

Premio Nacional de Poesía Eduardo Cote Lamus

1975

LOS LOBOS

Los lobos andan en parejas.
Azules en la noche, sus cuerpos
se extienden entre las sombras.

Son sólo dos lobos
pintados en el Museo de Ciencias Naturales
y yo siento gratitud al vidrio ·
que me resguarda de sus furias.

Los lobos son altos como yo,
aún más altos, y están colgados
al lado de las marmotas y los conejos.

Los lobos se desplazan en un paisaje nocturno;
la nieve cubre los bosques
y el cielo está empapado de estrellas.

Hay algo que quiero preguntarle a los lobos,
sin embargo no me atrevo.
Los lobos son todos dientes y furia.

Hay un vidrio que nos separa
y, de quererlo, ellos podrían devorarme
con una dentellada.

Yo también he andado en parejas
a través de una noche oscura.

Este es un rincón oscuro del museo.
Este es el rincón de las confesiones y los desvaríos.

Este es el rincón de los lobos.
Esta es la trampa letal al que anda sin guía.
El amor también es un lobo,

es un andar por un bosque oscuro,
es una noche peligrosa con promesas de estrellas.

Es tan sólo un vidrio que nos separa.
Es tan sólo un momento de indecisión
para romper el vidrio y tocar al lobo.

Kathakali

Why didst thou promise such a beauteous day
And make me travel forth without my cloak
Shakespeare

Fingiendo indiferencia,
Disimulando como un actor
Cansado de actuar
en un drama milenario –parto.
¿Soy ese yo, en el espejo, envejecido por cuántas arrugas,
Fingiendo componer mis cabellos
Como si esto fuera un intermezzo con Vivaldi?
Ah, tal dignidad sólo había visto en las tablas,
Donde el amor es un sentimiento extraordinario
Que abarca tres actos,
Dura dos horas
Y siempre le sucede a los otros.

Ya he derramado suficientes lágrimas, alterando
Mi máscara; y todos mis gestos,
Adorables, irresistibles caprichos,
Insospechado giro de frase, derrochados
Como dinero falso.
Pero la extraña compulsión de declamar
Mi trágico monólogo *"Del pensiero amoroso che m'aterra"*
De exclamar mis últimas y definitivas palabras
Es real—
Como el murmullo de las olas en mis oídos,
Aquella tarde, cuando
Desesperado y lívido
Como la hoja de un arce en las profundidades del otoño,
Desvergonzadamente
Levanté el teléfono
Para decirte que te amaba.

CELEBRACIÓN

Que todos los instrumentos necesarios para vivir
Estén agrupados en este cuarto, abarcando una vida,
Me intriga.
Mientras yo camino sobre este piso a esta hora
Y el reloj marca su tick, tock, tack,
Pienso en tí Emily Dickinson.

Este es el inventario de mis días
A medio completar: el dolor está en su lugar,
Y ese viejo amigo, el desconsuelo, está hibernando.
Pero el amor manejado sin cuidado
Ha sido colocado fiera de su sitio,

Y las cartas de mi amante
Esperan ser archivadas trayéndome estampillas
Y sentimientos foráneos.
Ahora te tengo enfrente de mí, Miss Emily—
Impecable como una hostia
Tú sirves el vino sacramental
Brindas a la ocasión y las catorce
Caídas al Calvario.

Ahora que el amor se ha marchado
Nuestras lamentaciones no tienen sentido.
Bebo entonces a tu salud.
A tus ojos inspectores de la historia del dolor,
A tu interminable alarido.

Tú, Drácula

La aguja del tocadisco
Se resbala hacia el centro,
Indecisa,
Produciendo un sonido
Como un clavo persistente
Que perfora mi cerebro.

Un pájaro canta
Fuera de mi ventana
Y su canto es misterioso
E incomprensible
Como un niño aprendiendo
A enumerar sus deseos.

El cielo despliega indiferente
Una luminosa luna carcomida.
Es una luna de abril,
Más resplandeciente
Que un ramo de estrellas.

El disco cae,
Uirapurú vuela en la noche
Y la esquizofrenia me hipnotiza.

Mientras la luna se estaciona
Enfrente de la ventana
Empujando tu rostro,

Trato de recordar tu toque,
Aquel momento cuando las rosas
Me miraban con envidia
Y yo flotaba en los ríos de tus ojos
penetrando tu resplandor.

Ahora la aguja se alista,
Presta a triturar mi delirio,
Mientras yo te recibo—

Brazos extendidos,
Dislocada sonrisa.

Afuera
Un pájaro canta, un pájaro canta, un pájaro canta....

TRÁNSITO

Tú no estás ahora para protegerme
De mis sueños. Anoche soñé
Con un convite de hienas
Vomitando sus entrañas.
He prometido no llorar:
Los débiles terminan bajo llave
En cuartos sin oxígeno, hablando
Enfrente de espejos fríos.
Hoy es un domingo. Es un día pesado
Y debo llevarlo debajo de mi brazo;
Debo hacer el viaje hacia la noche
Con cuidado.
Estoy empezando a entender como las horas
Se arrastran cuando tú no estás conmigo.
Como el tiempo golpea
Cuando tú no estás a mi lado
Pelando una naranja.
Me levanto. Un globo inflado de suero.
La memoria borrosa y un sabor amargo
En mi boca. Mientras tú reposas en el fondo
De mi pozo, elemental e indispensable
Como las letras del alfabeto.
Más allá, al otro lado de la bahía,
Los neuróticos de **Terra Mirabili**
Se consumen entre rosas rojas,
Como mercancía exquisita.
Los navíos llegan en la noche, fugaces
Como el deseo, iluminados
Por ese orgulloso pavo real, la luna,
Que mira todo con su ojo de hada chismosa.
Esta noche es más azul que la llama de un horno.
Hay en mi rostro, un manerismo tuyo, inadvertido.
Y los domingos sin tí, son como fiestas sin música,

Aun más traicioneros y vacíos.
Hay una bahía enfrente de mí.
Tú eres el océano en lo profundo de mis ojos.
Soy un pezgato, una ballena aburrida
Que anhela llagar hasta la playa.
Mi navío todavía no zarpa.
Yo resguardo tu recuerdo,
Esperando por una luna ensangrentada.

FRAGMENTOS

El tren me lleva hacia ti.
En la orilla del Hudson
cerca de aquellas chimeneas furiosas
hay media docena de árboles.
¿Por qué tarda una vida tántos años
para condenarse en un instante?
¿Por qué nos levantamos ciertas mañanas
invocando un ángel?
¿Estoy en el lobby del Paraíso?
Y aquel faro, emanando esa luz—
¿nos salvará del naufragio?

–2–

Este parque, a esta hora, en esta estación
de prospectos, ¿qué significa?
¿Qué mensaje hay en los árboles,
preparándose para el invierno,
agitando sus dedos verdes
antes del *rigor mortis*?

Dos pájaros vuelan en lo alto
en cámara lenta
convertidos en parte de este diseño,
de este murmullo de hojas que caen
y cosas que mueren como un par de ojos rojos.

Camino hacia la colina.
Las hormigas se recogen.
El sol está encendido.
¿Qué significa este resplandor?
¿Por qué deliro sin poder vertir mi sangre—
desparramándome sobre estos árboles,
a esta hora, dejando que este verdor
me consuma?

EL SÓTANO

El camino hacia el sótano es peligroso.
Las escaleras gimen y crujen
y hace falta uno que otro peldaño.
El sótano es oscuro, como un día lluvioso,
y bajando esas escaleras perfectamente
me podría partir el pescuezo.
Bajo con una vela, buscando el camino
entre las sombras.
El sótano es una tumba. Después del sótano
no hay nada. Hoy he bajado al sótano
después de tantos años.
Me asfixio en el aire estancado.
Una rata corre entre mis piernas.
La luz de la vela tiembla, y en este sótano
no hay murciélagos, sólo huesos.
Coloco la vela en el suelo,
me ajusto un pañuelo a las narices
y saco los instrumentos.
Hay libros en el sótano y manuscritos
y cajas de música rotas y una silla Luis XIV
y una Mona Lisa sin ojos y con dos colmillos.
En el sótano acumulamos tantas cosas.
Encima del sótano hay una casa
y yo siento su peso. Por eso bajo al sótano
sin guía, para conocer los cimientos.

El sótano es sólo un cuarto oscuro,
como cualquier infierno, y como cualquier
infierno, está habitado por recuerdos.
Levanto la escoba y giro
como una ruleta rusa, y el polvo penetra
en mis ojos y estas lágrimas no son hijas del
/polvo.

Yo estoy aquí en el sótano.
Si gritara —AUXILIO— nadie me oiría, excepto
las ratas histéricas y las somnolientas arañas.
El sótano es una cárcel, una camisa
de fuerza, y esta es tu casa
y tú me has puesto en el sótano.
Yo soy ese preso que gime, que grita
y tú me trituras, mientras yo crujo
como las escaleras a la luz
de la vela.
¿Qué hago en este sótano?
¿Cuál es el camino? ¿Qué hago restregando
estos pisos? ¿Mirando las cucarachas aplastadas
en la pared, mientras yo restriego furiosamente
este sótano, este suelo?

ESTE REINO

Exactamente dos días
tardan las cucarachas para desintegrarse
después de que las hormigas
han emprendido su tarea
quedando las alas finas,
translúcidas, pero demasiado delicadas
para utilizarlas como marcador de página,
su carestía tan rara que sería imposible
confeccionar con ellas billeteras o guantes.

La estupidez es el único criterio en este reino.
No puedo aceptar que las culebras
sean verdaderamente malévolas.
No puedo aceptar que por las noches
ellas escalen las paredes
broten de las matas como flores nocturnas
para enredarse alrededor de mi cuello
y partir de un solo tajo mi vena yugular.
Las avispas llegan a cualquier hora del día.
Preferiblemente cerca de las doce
cuando el sol abate inclemente.
Pasan de dos en dos.
Más temibles cuando pasan solas—
como torpedos teledirigidos.
Las avispas como las hormigas son decididas,
parecidas a esos veleros veloces
que en los días claros veo allá
en el mar, desde aquí, desde mi ventana.

Sé que los sapos son venenosos.
Esta noche estuvo uno al lado de mi cama.
Tenso. Mirándome incesante con sus ojos fijos
como bolitas de uñita, respirando
como un pulmón de hierro,

26

y pétreo como una bala.
Hora tras hora el sapo ha estado saltando
contra la puerta, sin ocurrírsele escaparse
por la ranura, saltando y saltando
para torturarme.

Las arañas se desintegran
más fácilmente que las cucarachas,
pero con ellas no podría confeccionar nada, sólo
historias mitológicas acerca de sus cuerpos
                                                    /rotundos
y sus ocho patas. Las cucarachas demoran
más en morirse, aun si las matamos
con un martillo. Pero
las arañas quedan despaturradas
en el suelo, amorfas, un líquido verduzco
donde antes había materia
y unas patas
flacas y velludas, meneándose
como las piernas —sin tón ni son—
de una esquizofrénica en una fiesta.
Yo habito en este reino.

No que me haya acostumbrado
a sus excentricidades.

Hay una ventana y desde mi cama
todo es cielo azul, mar y aire.
En este cuarto ya no me aterrorizan los
                                                    animales.
No me aterrorizan durante el día
cuando conozco sus posiciones
y estudio sus mañas.

Es solo en las noches
en las cuales la luna brilla
como un bombillo de oro
cuando el sapo debería devorar los insectos

pero interrumpe su vigilia,
cuando la serpiente ebria
ese río verde que penetra por la ventana
llega hasta mí
con su boca anegada de sangre.
Cuando hay imperfecciones en el reino
y algo falla, es cuando
siento terror
y los ojos me duelen y saltan
inquietos como murciélagos extraviados.

También hay noches
de una luna tan alta
que no puedo verla desde mi cama
y el mar es un caracol en mi oído.
Allá, a lo lejos, santificado por una luz
puede pasar un barco.
Pero nada pasa en este cuarto.

Los animales siguen su festín.
Esto es un bestiario abierto, y yo
trato de reconstruir uno de mis muertos,
un muerto cualquiera,
desparramado en un área de diez kilómetros,
y cuando ya tengo su rostro fijo,
con los ojos serenos y los dientes
que identificó el dentista,
tú apareces en mi sueño.

Ya habito en este cuarto.
Yo estoy aquí como el sapo
queriendo reventarme contra la puerta,
produciendo un PUM PUM
como un tambor de guerra.
Yo estoy aquí como la culebra,
escalando las paredes, deslizándome
dentro de los límites de mi espacio y de mi
                                        /tiempo.

Yo estoy aquí como las cucarachas
nervioso e incierto.
Yo estoy aquí como las avispas
soplando como un abanico agudo,
alimentándome en la noche del perfume
de los jazmines.
Yo estoy aquí como las arañas,
somnoliento, esperando la mosca
que se enrede en mi lecho.

Me había olvidado de los cangrejos, doctor.
Esas casas prefabricadas de ocho patas
con dos escaleras como garfios
izados en el viento
con sus tenazas, moviéndose
veloz como el pensamiento.
Pero me estoy apresurando hacia el otro reino.
Todavía no soy rey de mis bestias.
Todavía no las he conquistado.
Todavía no puedo aterrorizarlas.
Todavía ellas
Llegan en mis sueños,
cuando debería estar protegido.
Todavía, como tú, me persiguen y me
/atormentan.

DE UN MANRIQUE A OTRO

El río fluye incesante.
Las luces del parque
iluminan las hojas de los árboles;
esta mañana irrumpió el otoño
como una carta entrega inmediata,
y hay unas líneas que no recuerdo.
Sé que hay dos verdades
aun en este paisaje: la primera,
la más permanente,
es la tristeza.
Qué fácil, me digo, sería fluir con el río,
una calavera flotando
barriga hacia arriba,
y los ojos fijos en el plateado infinito.

Hay un río que jamás cruzaremos,
aunque de noche la luna nos enseñe
la dirección de sus aguas.
Hay una costa donde seguiremos
descubriendo verdades—
río que fluye,
hojas luminosas,
otoño profundo.
La otra verdad, la más urgente,
como el río,
es el viaje sin escalas
hacia la muerte.

DE ALTA

Hoy he empezado a observar las rosas
Sin que nada duela dentro de mí.
Atravesando la calle, veo en la ventana
Las plantas y flores que me miran.
Me gustan las plantas,
Me gusta su silencio matizado,
Me siento cercano a ellas.
Las plantas crecen en la tierra.
Las plantas son sabias:
Las plantas simplemente viven.
Hay una, con hojas como alfombras persas
Y yo quiero saber de qué príncipe encantado
Se enamoró un día.

Ahora tengo un pase para explorar el mundo.
Puedo extasiarme enfrente de ventanales verdes.
Puedo empezar a ver las rosas sin pensar en sus espinas.
He empezado a olvidarte.
En la lucha entre la vida y la muerte
Escojo la vida.

SOBREVIVIR

Sobrevivimos,
como después de un accidente aéreo:
buscando entre los escombros
por las señales de vida
esperando los primeros auxilios.

Sobrevivimos día a día
observando como sanan las heridas
recayendo aquí allá
al despojarnos de una venda.

Hacemos las firmes promesas.
Agradecemos la bondad de los amigos.
Se sobrevive para vivir.

Se sobrevive cualquier cosa:
La pérdida del amor,
la falta del amor, el amor mismo.

Resucitamos.
Resucitamos tensos como una alarma,
dispuestos a explotar
en un momento importuno.

A su tiempo
salimos por las calles,
silbando una canción
aceptando la oxidación de los huesos.

PRIMERA NOCHE

a Meg

Estos gestos hechos después de tantos años
Para comunicar soledades irremediables
Tal vez han trastocado algo.

Hubo un momento, a la luz de la vela,
Cuando pensé ibas a irrumpir en llanto,
Y yo sin un pañuelo o las palabras exactas–
Sólo se me ocurrió subir el volumen del
                              tocadisco.
La inclinación a la ternura estaba allí
Y comprendí la amistad de tantos años y
                              juegos torpes
De cuerpos solitarios–dormí toda la noche
Sobresaltado–promesas rotas y miedos
y tu perro hociqueándome incesante.

Tú soñabas inquieta a mi lado;
Las puntas de tus senos acariciándome la
                              espalda,
El ábrete sésamo a las rutas del deseo,
Pero un gesto de mi parte descubriría más de
                              lo necesario.
Luego, mientras cantaba en la ducha
Y después cuando sorbía el café,
Pensé que de alguna forma nos habíamos
                              acercado,
Desconfiados como animales salvajes;
Iluminados por ilusiones comunes compartidas,

Deseos frustrados, y los recuerdos de suicidas
Que con ojos sangrientos nos sonríen en la
                                        noche.
Sí, sería mejor admitir nuestras soledades.

Más tarde, al subirme al bus,
La ciudad estaba azul y evanescente y fría,
Prometiéndome el paraíso en vez de un día
                                        cualquiera.

Desde la esquina levantaste el brazo
Mientras tu perro te arrastraba.
A mí me arrastraba el bus, fuera de miedos

Ancianos como mis dientes, fuera de esta
                                        /neblina
Nocturna de noches en vela, oyendo respirar
                                        /un cuerpo
Cerca del nuestro, sin atrevernos a tocarlo,
De hacer el primer gesto,
De exponer la soledad de nuestras carnes
Después del deseo, después cuando sólo
Somos cuerpos entre una sábana,
Separados e insondables
Como constelaciones.

ESTE AMOR, EL OTRO

Cuando tú me tocas, por ejemplo,
no veo constelaciones,
y en tus sueños, cuando tus manos
buscan mi espalda y mis cabellos,
es imposible saber si sueñas con un ratón
o con Alicia en el país de las maravillas.
Tú me repites frases que me abochornarían
a la luz del día; nunca me has escrito
cartas a las cuatro de la madrugada
desde aeropuertos extraños
o la plataforma de un tranvía.
Cuando hacemos el amor, fingimos
que la emoción es justa.
Hoy he estado regando tus plantas
mientras estás en la playa.
Utilizo el líquido para las cucarachas,
abro las ventanas y no se me ocurre
mirar tu correspondencia o leer
tus nuevos poemas.

Mientras sigo las instrucciones:
"Los geranios y begonias deben ser
regados dos veces por semana",
peso mis dos amores en la balanza.
Sé que riego las plantas porque
me gusta ver correr el agua entre mis dedos
y porque no quiero ver morir las flores
en esta estancia; también porque me he sentido
sentimental, tarareando un aria familiar
toda esta mañana.

DÍA DE FIESTA

Los ojos de Chagall son triángulos
sin base y Picaso pinta narices
como los caballos de Marc que tiran
a Chagall y sus vacas. Kandinsky
tiene noches azules y Klee conoció la miseria.
Tú estás entre estas formas.
Yo te persigo sin saber tu nombre,
y tú te confundes con el etéreo Seurat
y el misterioso Whistler.
Entre las formas de belleza, en este museo,
tú eres la más hermosa.
Tú pasas a mi lado y tu codo toca
el mío y tu respiración es profusa.
Si dijera que te amo, que tus cabellos
me enceguecen, que el deseo
me trastorna, me mirarías con sorpresa:
"¡Un loco más en el museo en su día de fiesta!"
Las pinturas sin duda alguna
ya están perfeccionadas
y ellas no me contestarían sandeces.
Parado a tu lado pienso
que tú respiras y vives y andas por el mundo
y ni me miras, ni me tocas.

Hace un año

El otoño es una acuarela
de colores exaltados.
Has bajado la capota del auto
y mis cabellos se desparraman
en el viento.

Imposible guardar el equilibrio
viajando a estas velocidades.
Hay árboles rojos y amarillos
y tú me explicas
la pigmentación de los bosques
pero el otoño permanece
un misterio.

Las señales de tráfico
indican el camino:
Velocidad Máxima
Prohibido pasar carros
Bienvenido.

Hemos viajado por horas.
Sentado a mi lado
tú me inquietas tanto
como alguien que trastea
en el segundo piso
mientras yo trato
de recordar un sueño.

Hemos emprendido este viaje.
Hace un año, la radio
nos traía noticias
más extrañas.

En un año estos árboles,
como nosotros, han vuelto
a nacer y han muerto.

Tú conduces. Yo
soy esa Medusa en el espejo.
Hay un océano en el fondo de mis ojos.
Las memorias, los recuerdos,
navegan extraviados en ese océano.

ANNE SEXTON

Tú, Anne Sexton
te recuerdo perfectamente en la foto
en un vestido gris,
con el pelo hacia atrás
y la cara hermosa
como un mapa.
"Tú, mujer, masculina
en tu constancia",
dibujando rosas rojas
junto al mar
cantándole canciones de cuna
a las estrellas.
Tú, Anne Sexton, sólida
como un encuentro con Dios,
esquizofrénica
y propensa a las alucinaciones.
Puedo recordarte en muchas formas:
puedo recordarte como tú recordabas a Vincent
en sus noches de estrellas.
Puedo recordarte clavada en una cruz,
empeñada en que sucediera el milagro.
Puedo verte ahora escribiendo:
La muerte también es una mentira
el cielo un lugar antiséptico,
donde no hay olores desagradables, donde
no puede verse el mar,
donde nuestros mejores amigos
no habitan.

Tú, Anne Sexton, la de la poesía en los ojos.
¿Dónde estás?
¿Qué meditas?

UNA ESTRELLA

O starry, starry night
this is how I want to die
Anne Sexton

Una estrella brilla sola en el cielo esta noche.
El cielo es un mar color vino tinto
Con un ojo brillante y pequeño.
Una estrella brilla intensa
En el cielo, frágil, fija.

La noche no ha llegado completa
Y la estrella brilla, más azul, más intensa.
Camino por las calles
Con el corazón vacío y la mente despierta.

Una estrella brilla en el cielo azul
Y yo deseo poseer una estrella.
Mi corazón está fijo.
Mi mente cambia de colores como el cielo
Y algo en mí se desvela.

Una estrella azul brilla en el cielo
Esta noche. Una estrella fija,
Brillante, intensa.
Y yo me siento inmóvil
Deseando estar allá arriba, en lo alto
Para poseerla.

ÚLTIMAS PALABRAS

"La luna se lava su corazón con tu risa",
y tus palabras son casi la prueba
perfecta del amor.
Yo pienso que es cambio de luna
y la tierra ha empezado a desembarazarse.
El río está al fondo y las estrellas
juegan damas chinas en sus aguas.
Hoy, mientras podábamos un arbusto
la vecina vino a destruir
el perfecto silencio
y vi en tu rostro una leve arruga
hasta que ella empezó a hablar
de su gato con ojos como linternas
que brillan en la noche.

El amor también es así,
cuando podemos rememorar por la noches
esos días perfectos
en los cuales triunfamos
sobre la muerte y el olvido.

Puedo también recordarte aquella tarde
cuando caminábamos por el bosque
y descubrimos un cementerio en ruinas
y levantamos una lápida de mármol
pesada como un elefante
y debajo leímos un nombre absurdo
que pertenecía a un muerto de muchos siglos.
O te recuerdo en la cama
mientras fingías dormir
y yo te acariciaba
el pelo, y besaba tus mejillas
y bebía de tu aliento
y bajaba mi mano por tu espalda

diseñando planos, hasta llegar a la punta
de tus pies con tus uñas y algo punzaba
en mí como un volcán en llamas.

Ahora sólo te deseo
donde quiera que estés
un sueño con dulces delfines
cantándole a la luna.

Sí, "el amor nos abrió
de un tajo desde el cráneo hasta el tobillo".
Pero tú estás ahora
en tu mundo de sueños.

Yo estoy aquí:
mirando la luna desplazarse en una noche de
                                              lluvia
como si fuera un navío en un mar tempestuoso.

Todos somos adoradores de la luna,
donde se intuyen las mil variaciones de este
                                      /cuento.

GOLPES DE DADOS

1979

A LA MUERTE DE ANDRÉS CAICEDO

En tu grande y noble deseo de ir a un lugar
Diferente, percibo ese desdén
Ese conocimiento de "*il mondo e poco*".
Ahora ha llegado de nuevo la primavera:
Yo quisiera que tus ojos verdigris
Pudieran apreciar el milagro de las tiernas hojas;
Quisiera sostener tu mano y ayudarte a cruzar el río.
Donde tú estás, donde mis palabras ya no te alcanzan
Sé que puedes verme aunque tus cartas
Ya no lleguen entrega inmediata
Ni tus llamadas me despierten a la madrugada.
"Sólo me interesa la pasión que conduce a la muerte",
Decías en la última. Todas estas noches
Al cerrar los ojos al cielo estrellado
Recuerdo nuestra última tarde juntos
En el tope de una montaña
Nuestros cuerpos desnudos al sol
Maduros e impacientes como frutas salvajes.
Ahora nuestras promesas están truncas
Como los árboles endebles
Que no aguantan el rigor del inverno.
Habíamos planeado escribir un libro
Hacer una película, vivir juntos.
Tú descansas en un cielo azul y calmo
Y quiero recordarte azul y amplio como un cielo.
Querido Andrés, ambos jugamos a la vida
Y ahora la muerte te pasó la cuenta.
Esta nueva primavera cada despertar
Me recuerda que ya no estás entre nosotros.
Yo escribiré el libro, haré el viaje
Y algún día volveremos a encontrarnos.
De ahora en adelante, donde quiera que esté
Dondequiera que te busque sin encontrarte
Siempre te tenderé la mano para decirte

Que aún te quiero. Esta noche de primavera
Llueve sobre la tierra negra y sé
Que tu corazón escucha las gotas de lluvia
Aunque tus ojos mortales ya no puedan verlas.
Mi corazón es como ese cielo que llora
Mis lágrimas la ligazón entre este mundo y el tuyo.
Tú también, como yo, deseabas el descanso.
Yo también, como tú, me voy poco a poco.
Tu muerte no es una traición. Ni tú me has abandonado.
Cuando la primavera cambia su coraza
El corazón se ajusta a los nuevos elementos.
Espero que tu morada sea amable, querido amigo.
Que los árboles sean verdes.
Que el cielo se abra ante tí sin misterios.
Espero que hayas encontrado el reposo.
Después del hielo del invierno
Estas lluvias primaverales llegan descongelándolo todo.
Sé que donde quieras que estés
(¡Porque no puedo imaginarte en la region del hielo!)
Tú me has perdonado.
El mundo después de todo es poco.
Sólo la primavera, como la muerte,
Regresa para otorgarnos la vida.
Dime Andrés, ¿es el lugar verde?
¿El campo siempre florido?
¿Y una vez llegado allí
Existe el perdón, la bendición del olvido,
La promesa de que el dolor
Como el frío del invierno
Finalmente será abolido.

Naturaleza muerta

Una gaviota solitaria cruza el cielo.
Los techos blancos y empinados
se confunden con el horizonte.
Elaborados y oscuros, los esqueletos de los árboles
tienen sus dorsos cubiertos de nieve.
Una ardilla en busca de aventuras
salta de un alero a una rama;
las hojas del árbol, sin vida y color ocre, tiemblan:
la nieve se desprende de la rama
como si fuera una lluvia de algodones.

Aquí los días son cortos;
el invierno largo, exhaustivo,
agotando todas sus gamas.

Entrada la tarde,
un sol pálido, tímido, se abre paso
con sus rayos de oro y mira todo brevemente
(Se asegura de que la naturaleza
no olvide su rutina; ¡obedezca!)
El sol sale para observar, no para ser observado.
La naturaleza es lo que existe fuera de la ventana.
La ventana es el marco que impone el orden;
la vida, el pincel que imprime el sentimiento.

TANGO DE OCTUBRE

Con las manos entrelazadas como si orara
Camino por las calles desiertas,
Y sobre las serenas aguas del océano
Un pájaro en llamas vuela.

Estamos de nuevo en otoño,
La luz se hace más corta y se aferra.
El triste carnaval de la naturaleza,
Es un acto irrepetible desde siempre,
Y cada día que se asoma
Nos acercamos más a las puertas de la muerte.

CARTA ABIERTA (MAYO)

Ciertamente las cosas sin ti
son cada vez más complicadas,
cuando tú no me llamas y tus cartas no llegan;
cuando me despierto en la noche
y encuentro media cama desierta.
Hace quince días no sé nada de ti.
Lunes: salió el sol y las hojas del parque
parecían una copiosa ensalada fresca.
Martes, soné toda la noche contigo,
tu mano sosteniendo la mía, tu cuerpo
alimentándome como una naranja.
Miércoles, lluvia. Día nublado.
Nada que ver desde mi ventana.
Jueves, salió la luna y estaba llena.
El cielo estrenó una nueva estrella en su diadema.
Viernes…me estás enseñando a contar los números reales.
El mundo empieza en ti y en ti termina.
Tú eres mi Alfa y tú eres mi Zeta.
Hoy, descubrí una nueva flor en el balcón.
No sé su nombre. La regué y dije una oración
Deseándole un verano amable
En mi desamparo en tu ausencia.
Sí, cuando tú no estás,
Estas cartas abiertas
Son alguna clase de evidencia.

MI NOCHE CON
FEDERICO GARCÍA LORCA

FINALISTA LAMBDA BOOK AWARD (EE.UU)

1996

I

EL BARRANCO DE LOBA, 1929

Cuando el sol calcinante
se abate hostigante sobre el pueblo,
después de que mi abuela
(como Ursula Iguarán)
se ha pasado horas enteras
confeccionando animalitos azucarados,
mi madre, con un vestido de lino blanco
que le llega hasta los tobillos,
una cinta roja adornándole
su larga trenza negra,
calzando burdas chancletas,
va de casa en casa cantando:
"Cocadas, cocadas de coco y piña".

Maldiciendo el sol
que la quema y la renegrea,
mi madre balancea la bandeja
encima de su cabeza
y camina desde la quebrada
hasta la escuela pública,
pasando por el cuartel de la policía,
las dos cantinas del pueblo,
y el cementerio donde los gallinazos,
las iguanas y las víboras hacen la siesta.
Mi madre camina las calles engramadas
del villorrio hasta que el sol
—una guayaba madura ardiendo—
se zambulle en las aguas del Magdalena
y una violenta hemorragia celeste
pinta nubes enfebrecidas.

Acomodándose sobre una piedra
a orillas del río,
observando los pescadores

que regresan en sus piraguas cargadas
de bagres, bocachicos y manatíes,
tortugas y babillas,
mi madre, con su bandeja de animalitos casi intacta,
espanta los mosquitos que la aguzan
y las moscas drogadas por el azúcar.
Ella es una niña de diez años,
hastiada, sudorosa, cansada.
Ella odia a sus padres por ponerla
a vender cocadas que nadie compra.
Rascándose las piernas
con sus uñas de señorita,
ella espera la lancha
que todas las tardes pasa río arriba,
rumbo a Mompóx, Magangué, El Banco, Cartagena,
las grandes ciudades del mundo.
Todas las tardes ella espera.
Todos los días ella anhela ese primer viaje
del que nunca regresará.
Cuando finalmente la lancha a vapor
aparece, tosiendo como una ballena tísica,
los zancudos frenéticos
que atacan los brazos expuestos
de mi madre,
ya no la molestan
porque el picor que la ataca
es más agudo, es de otra naturaleza.
Es el picor del deseo herido,
es el canto de sirena del mundo y sus placeres
que la lancha anuncia todas las noches
subiendo las aguas del río en llamas
hacia esas urbes donde la vida empieza.

El fantasma de mi padre en dos paisajes

Cuando busco refugio en la casa al anochecer
a través del ciprés, una luna enceguecedora me detiene,
y desde el bosque oscuro, el fantasma fosforescente
de mi padre me indica un estallido
de luceros y otros prodigios celestiales
que ahora, en la eternidad eterna,
él se entretiene nombrándolos.

Estoy en Nueva Inglaterra,
un paisaje desconocido por mi padre,
un paisaje sin flores con cuellos de jirafas,
ni aves de garras platinadas,
ni felinos vomitando cataratas de sangre,
ni platanales cruzados por ríos claros como el vodka
zurcados por flamingos con cuellos sumergidos
y con plumosas colas abiertas como parasoles.

No, este valle no es una exaltada pesadilla de Rousseau,
aunque aquí también la luna deslumbrante
pende de un collar de astros,
y el collar es un puente entre los cielos
que mi padre conoció y los cielos que veo ahora.

Hay preguntas que quisiera hacerle al efluvio de mi padre
si él no estuviera embelesado con la noche y sus misterios,
si yo conociera el lenguaje de los muertos.
Lentamente, como una llama que se extingue,
el fantasma desaparece y deja, en el tablero de la noche,
un mensaje indescifrable que me abruma.
El calor de la casa es mi último cobijo
de estos cielos penumbrosos
preñados de señales.

EL CIELO ENCIMA DE LA CASA DE MI MADRE

Es una noche de julio
perfumada de gardenias.
La luna y las estrellas brillan
sin revelar la esencia de la noche.
A través del anochecer
—con sus gradaciones cada vez más intensas de ónix,
y el resplandor dorado de los astros, de las sombras—
mi madre ha ido ordenando su casa, el jardín, la cocina.
Ahora, mientras ella duerme,
yo camino en su jardín,
inmerso en la soledad de esta hora.
Se me escapan los nombres
de muchos árboles y flores,
y había más pinos antes
donde los naranjos florecen ahora.
Esta noche pienso en todos los cielos
que he contemplado y que alguna vez amé.
Esta noche las sombras
alrededor de la casa son benignas.
El cielo es una cámara oscura
que proyecta imágenes borrosas.
En la casa de mi madre
los destellos de los astros
me perforan con nostalgia,
y cada hilo de la red que circunvala este universo
es una herida que no sana.

El jardín de las delicias

A mi madre

Esta estación que desciende quedamente
¿como nombrarla? ¿Cómo nombrar su primer día,

aquí donde las flores braman;
donde las estaciones llegan destruidas?

Par días encerrado como una orquídea
incubando en un invernadero,

era el verano, era el otoño,
eran la primavera y el invierno juntos.

Pero hoy, al salir de nuevo a este jardín para caminar sus senderos,
cómo ha cambiado de aspecto en unos días;

como se ha vestido para un baile,
este camaleón del viento.

2

Aquí cerca del mar
una brisa fría y penetrante

llega en un coche invisible. Me inclino,
mis rodillas profundas en la tierra

y estas plantas que he traído desde lejos
siento temor por ellas, de que el primer viento

del invierno las devuelva a su estado natural—
polvo a polvo, hoja a hoja.

La brisa entierra partículas del jardín en mis ojos.
La luna en el cielo no es una metáfora—

color de nieve, repleta de huecos transparentes,
medio llena, y yo reniego de sus fases.

3

Sé que ha llegado el invierno
porque su tenue luz desciende acariciándome.

No tengo batallas que luchar contra los elementos.
Esta es la estación perfecta,

y yo renuncio a desgastarme en estas mis carnes.
Hoy, quiero vivir; sostener la ambrosía de la luz en mis manos.

Estas son las plantas de mi jardín
preparándose para el invierno.

Una mañana con un cambio de aire,
con un cielo inmaculado, como el de hoy,

con un viento que sopla desde el lado opuesto
de este céfiro vespertino,

las más fuertes y nobles florecerán al cielo,
las más nobles darán esencias,

las más conscientes frutos, las más dulces
resguardo a las abejas y sombra cuando

el sol sea inclemente. Y las sabias
susurrarán canciones a las estrellas.

4

El jardín es permanente. Las plantas cambian,
Los senderos se bifurcan, los árboles ancianos

se desploman y yo me muevo siempre
buscando las estaciones. Hoy es sólo el primer

Día de invierno. Hace frío.
El aire huele a miel y a magnolias.

Los pinos conservan los nidos estivales,
los naranjos empiezan a colorear sus bombillos,

Las mandarinas a sonrojarse,
las rosas crecen tenaces,

El papiro profundiza
sus raíces egipcias,

Las palmeras enfrían el jugo
de su cocos, las poinsettias necesitarán

toda su sangre en las hojas cuando llegue
el último día del almanaque con su escarcha.

Yo canto a las berenjenas, a las coles—
benditos sean ustedes, frutas y vegetales.

5

Este jardín, transitorio, es el jardfn
de las delicias. El jardín en el cual

he escojido pasar mis horas.
Este es el jardín donde el contacto

con la tierra me aferra a la vida,
el jardín en el cual en tardes como ésta,

la noche, ese pájaro
de alas oscuras, me sorprende

como una flor que cierra sus pétalos
para proteger su corola.

Este es el jardín donde algun día escogeré
vivir permanentemente,

con una casa circundada de plantas y flores
que crecen hacia al firmamento,

un lugar sin cercas ni hierbas altas
donde los pájaros reposen

antes de proseguir su vuelo.
Este es el lugar donde quiero vivir

con un gran escritorio cerca a una ventana
frente a un enorme ciruelo.

Hoy, que todo pesa en la soledad de este verdor,
me levanto como este viento vespertino,

abriéndome un camino con mi cuerpo,
cortando el resplandor anaranjado de la hora.

Algún día regresaré a esta estación perenne
donde el viento castiga mis ojos.

Hoy quiero vivir en este instante
en el cual escojo preservarte en la memoria,

rodeado de plantas vivas antes del invierno,
en esta estación que desciende a visitarme y permanece.

METAMORFOSIS

Cuando eras niño,
en las tardes soñolientas
sofocantes del trópico,
en un escondrijo del colegio
pelabas y chupabas mamones,
royendo la dulce, carnosa pepa,
recordando, aterrorizado,
las historias de adictos al fruto
quienes se habían asfixiado,
las semillas del mamón atrancadas en las tráqueas.
Cada mamón era entonces
una invitación al éxtasis y a la muerte
(las guindas y las ciruelas también te deleitaban
sin producir el arrobamiento del mamón).
Y cuando degustabas ciruelas, guanábanas, anones,
y el grano rubio de la mazorca,
fantaseabas que sus semillas, estacionadas en tus entrañas,
germinarían en el vientre,
enraizándose en tus intestinos,
hasta que troncos y ramas te brotaran de los orificios,
sus verdes hojas y tiernos tallos apetecidos
por mochuelos, turpiales y canarios;
las delicadas ramas cargadas de frutas,
hospedando las aves más cantarinas y exóticas,
hasta que un día el árbol y tú fueran uno,
y ya no tuvieras que asistir más al colegio
o temer a los pulposos mamones.
Ahora, cuando comes estas frutas
deleitándote con las semillas en tus encías,
aquel niño de ayer
te urge a que las devores
para que el milagro ocurra
metamorfoseándote en nido, rama, fruta.

MAMBO

Contra un cielo topacio
y ventanales estrellados
con delirantes trinitarias
y rojas, sensuales cayenas;
el fragante céfiro vespertino
oloroso de almendros y azahar de la India;
sobre las baldosas de diseños moriscos,
con zapatillas de tacón aguja,
vestidos descotados y amplias polleras;
sus largas obsidianas cabelleras
a la usanza de la época;
perfumadas, trigueñas, risueñas,
mis tías bailaban el mambo
canturreando, "Doctor, mañana
no me saca usted la muela,
aunque me muera del dolor".

Aquellas tardes en mi infancia
cuando mis tías eran muchachas y me pertenecían,
y yo bailaba cobijado entre sus polleras,
nuestras vidas eran un mambo feliz
que no se olvida.

LOS AÑOS DE NAT KING COLE

Puerto Colombia era ya para ese entonces
un pueblo fantasma.
El muelle de madera,
en su época el más largo del mundo,
estaba en ruinas
y hacía años, tal vez décadas,
que los barcos habían dejado de atracar.
Una franja de arena
había surgido entre la playa
de la bahía y el mar abierto,
y las aguas estancadas
eran un criadero de mosquitos,
aguamalas y otras alimañas.

Mi madre, mi hermana
(que apenas gateaba),
mi tía Triny, Anastasia
(la ahijada de mi madre) y yo,
nos alojábamos en el otrora famoso
Hotel Esperia
pues a causa de mi asma
el doctor había prescrito
largas temporadas en el balneario.

Las tardes en la bahía muerta
ya no culminaban con la marea alta
así que nos enrumbábamos
hacia las olas revueltas de Prado Mar
donde nos entreteníamos
recogiéndo los chipi chipis,
caracoles, estrellas del mar
y otros espléndidos regalos
que nos hacía el Caribe.

Regresábamos al anochecer
caminando por la carretera destapada.
Yo le hacía preguntas interminables a mi madre
cuya sabiduría me asombraba:
¿Cómo se llamaba ese pescado
que un muchacho llevaba colgando de un anzuelo?
¿Por qué los chipi chipis tenían
ese nombre tan cómico?
¿Cuándo iba a empezar a caminar mi hermana?

A nuestra derecha quedaban
las mansiones playeras
ahora un tanto dilapidadas
con sus jardines abandonados
de cayenas y trinitarias
color de arrebol
y gigantescas matas de Miami
que engalanaban el paisaje;
y a nuestra izquierda
se levantaban las áridas colinas
carcomidas por el sol y el salitre
en las cuales crecían cactos y zarzas resecas.

Rodeado de mi pequeño harén
debí de haber sido un niño absorto,
mi cabeza llena de quién sabe qué sueños—
de todo lo que sueñan los niños
a los cinco años.

Los días especiales eran aquellos en los cuales
nos visitaba el amante de mi madre.
Al atardecer, entrábamos a la plaza del pueblo
donde las marchantas de Puerto Colombia
armaban hogueras de carbón
para freír arepas, buñuelos y empanadas.

Nos hartábamos de todas esas cosas
y esperábamos en las bancas de cemento

debajo de los almendros
hasta las 6:30 cuando entrábamos
al teatro al aire libre
para ver películas de Cantinflas, vaqueros y María Félix.

Las pupilas de mi madre y de su amante
brillaban más que las de los amantes en el celuloide
y las estrellas de la noche tropical.
El amante mi madre se parecía a Jeff Chandler
pero cantaba canciones de Nat King Cole.
Entrada la noche, sentados en la terraza del hotel
para tomar las últimas brisas del día,
arropados por la perfecta oscuridad del mar,
él le cantaba canciones que decían:
"Acércate más y más y más, pero mucho más
y bésame así, así, así, como besas tú";
y "Muñequita linda, de cabellos de oro",
y (mi favorita): "Tuyo es mi corazón
oh sol de mi querer."

Luego llegaba la hora
en la cual a regañadientes
tenía que retirarme
con Anastasia y mi tía.
(Los tres compartíamos una habitación).
Mi tía Triny, quinceañera,
le tenía pavor a los cangrejos
y dormía toda la noche
acurrucada en una butaca
con el quinqué encendido a su lado.

Finalmente, reposando bajo el mosquitero,
decía todas mis oraciones
en las cuales incluía
a mi madre, a mi padre ausente,
al amante de mi madre,
a todos mis seres queridos
y a los actores de la última película

que habíamos visto.
Así, escuchando al abanico de techo
girar infatigablemente a través
de la larga noche de los niños,
cerraba mis ojos y en el firmamento de mi imaginación
aparecían astros tan brillantes
como no he vuelto a ver jamás.
Entonces, susurrando
para no despertar a mis compañeras de cuarto,
canturreaba, imitando a Nat King Cole:
"Tuyo es mi corazón
oh sol de mi querer . . . ".

IMÁGENES

He estado toda una tarde estudiando las fotos.
He acumulado tantas en mi vida—
pero hay dos particularmente que me interesan.
Ambas son ahora color sepia, y no sé dónde
fueron tomadas y yo no estoy en ninguna de ellas.
La primera foto es una composición clásica
de nueve personas. Esta es la familia de mi madre.
Mis abuelos, dos tíos, cuatro tías
y una mujer que desconozco o he olvidado.
Las mujeres están sentadas en el suelo,
los hombres de pie detrás de ellas
excepto por mi tía Aura, quien con una mano
agarra a mi abuelo y con la otra
acaricia el hombro de mi tío.
Ya en esta foto de la juventud—piel color caramelo,
ojos y cabellos oscuros, más hermosos sobre el sepia—
(vestida con traje de baño de dos piezas:
el equivalente a un bikini en los años cuarenta)
uno podría deducir su naturaleza intrépida.
Todos están en trajes de baño y la mayoría
trata de sonreír de la mejor manera.
No sé quien tomó esa foto,
y escrutando estos rostros, trato de averiguar
qué pensaban ellos, qué esperaban de sus existencias.
Mi abuela, a pesar de sus doce hijos
(o tal vez a causa de ello) sonríe
de derecha a izquierda, como un girasol gigante.
Mi abuelo parece escrutar al infinito, hermoso
como un buey gris; y mi tía Emilia, con sus trenzas,
parece intuir la tristeza de la vida.
Estoy seguro que para esa época yo no había nacido.
Pero aun si ya hubiera sido adulto,
¿podría ayudarlos con el conocimiento que ahora tengo
de sus vidas? ¿Podría haberlos prevenido de sus éxitos,

de sus fracasos? ¿Podría haber profetizado sus muertes?
De cuerpos esbeltos y sanos,
los hombres con sus figuras de esgrimistas—
siento nostalgia al mirar esa foto.
¡Cuánta energía irradia de sus poses!
¿En qué momento dejaron de boxear con la vida?
¿En qué asalto se dieron por vencidos;
en cuál campanada intuyeron lo inmutable?
No hay nada qué pueda hacer para sacarlos de esta foto,
ni para saber qué pensaban ellos en ese instante.
Éste es mi pasado, éstas mis raíces,
pero al revisarlo en esta tarde lluviosa
¿por qué no logro organizarlo en una escena coherente?

ODA A UN COLIBRÍ

Si fueras uno de esos pájaros
que cantan cantos milenarios,
te traería migajas o hasta una trampa.
Pero tú no resistes ser enjaulado
o privado de tu hábitat natural.
En las escaleras que suben por el parque,
revoloteando entre las rosas y las orquídeas,
cumplimos día a día el ritual de la visita.
Nadie anuncia mi llegada; o la tuya.
Todos los días vengo a ti con un monólogo distinto.
Hoy, mi monólogo es acerca del amor.

No sé si tú haces promesas
de no volver a cometer los mismos errores,
y de resistir cualquier aleteo inusitado
en los recintos del corazón-
por eso nos acercamos tentativamente.
Nunca llegas más allá de las rosas,
y cuando me miras fijamente,
tus ojos parecen cavernas repletas de cháquiras oscuras.
En las escaleras mientras te hablo, mientras
me coqueteas en el aire
y te me acercas, me planto
entre las fucsias para observarte;
y cuando tus alas baten la luz del mediodía,
eres un pequeño remolino centelleando en el aire.

Aunque no comprendo los pasos de tu danza
puedo observar tus piruetas del tronco a la rama.
Como el amor, eres fugaz y resplandeciente
y no sé que ofrenda o sacrificio hacerte.
Por eso vengo aquí cada día,
esperando que hayas aprendido a confiarme

y que un día, sin necesidad de pedírtelo,
te acerques para acariciarme.
Los otros transeúntes no pueden verte.
Ellos piensan que le hablo al verde infinito.
Un colibrí sólo es detectable con los ojos del amor.
Pero tú eres hermoso; y tu belleza me impide conocerte.
Tu forma ha estado en mí desde siempre.
En mi niñez deseaba escalar los árboles más altos
y tomar tus crías, como prueba de amistad, en mis manos.
Aun cuando el mar flotaba en mis huesos
tú eras la promesa de algo inalcanzable.
En mis sueños seguiste creciendo.
A través de los años he aprendido que nos abandonamos con
frecuencia,
que un día nos olvidamos—
tú por otro clima y otras rosas,
yo buscando en los jardínes de la carne
la promesa de tu hermosura.
Estoy seguro de que si no nos temiéramos
hoy podríamos encontrarnos entre las flores
y desafiar a los transeúntes con nuestra audacia.
Pero yo no he aprendido a conjurar el amor
con las ofrendas que el amor requiere.
En mi intento de tocar las puertas del cielo
sólo he aprendido a distinguir los colores.
Si realmente fuera valeroso,
si todavía pudiera creer que basta escalar un árbol,
el más alto, para llegar a eso que tiene un nombre
pero que elude las palabras,
si creyera que sólo la locura de un gesto
pudiera acercarnos y llevarnos a través de los días oscuros,
sin pensar ni en la muerte ni en la felicidad,
si después de tanto trajinar a través de otros seres
hubiera aprendido a hacer las ofrendas que cuentan,
con una guirnalda de orquídeas en mis sienes,
yo vendría a ti
mi luz de cada día, mi helicóptero verde del alma.
Vendría a ti ofreciéndote la flor más rara, el más preciado néctar.

En Amherst, tus visitas a alguien
que había escogido el silencio como entretenimiento
sugerían las flores exóticas de Brasil, color de cochinilla.
Una orquídea, brasileña, lo sé ahora,
es el cuerpo que amo,
es tu boca buscando la mía sin miedos
en la oscuridad o a la luz de una vela.
Hoy no podría ofrecerte una orquídea aunque así lo deseara,
tú has escogido buscar otros climas,
congelarte en las fronteras externas.
Algún día, de nuevo, te acercarás lo suficiente:
veré tus ojos nocturnos,
me maravillaré del arco iris de tu plumaje,
pensaré en los recuerdos de mi niñez,
aunque ahora sepa que para llegar a ti
no basta creer en los milagros,
no basta escalar la cúpula
del árbol más alto que nos ofrece la vida.

El espantapájaros

A mi hermana

Después de muchos meses, hoy me despierto
al dulzor de los naranjos. Las flores blancas
estarán cargando las ramas durante las próximas semanas,
hasta que la flor se convierta en fruto,
las abejas zumbarán desde el alba
hasta que el sol se oculte.
Es hora de poner fin a mi sueño.
Estos últimos días he escuchado al granjero
arriar sus caballos, labrar la tierra, preparar los surcos
que recogen y protegen las semillas.
Por las noches, aunque aquí donde estoy no pueda verla,
la luz de la sala familiar se apagará con los primeros gallos.
Será mañana cuando el granjero con su esposa e hijos
entren aquí buscándome; entrarán riéndose
y murmurando como todos los años.
Ya no recuerdo los rostros
de los niños. La niña, en esta primavera casi una mujer,
con sus senos como dos melones en mayo,
querrá remendarme y ponerme un traje nuevo
como si fuera la muñeca con la cual ha jugado
el pasado invierno, pero su padre se opondrá,
pues ser feo y espantador es mi destino.
Sin embargo, en este desván donde siempre me sorprende
la nueva vida,
habrá que reparar las averías hechas por los roedores,
por el rigor de los años, que pasan aún sobre mí—
el espantapájaros.

Siempre espero ansiosamente este momento,
las torrenciales lluvias de marzo,
la luz que cada día se alarga más en este cuarto,

el canto de los pájaros que regresan
¡cómo ven pasar a las alondras los pájaros enjaulados!)
y el verdor de los cerezos incipientes ahora, todavía amargos.
Hoy, al despertarme de nuevo,
cuando pienso en los meses que habrán de llegar y pasar
en el lento proceso de todas las casas mortales,
siento un leve estremecimiento, como siento el agua correr
en el arroyo al lado de la casa, profunda en su cauce oscuro,
arrastrando consigo caracoles y desperdicios
porque aún los espantapájaros tenemos un corazón
y nos preguntamos hacia dónde fluyen los ríos.

Los relámpagos como rayos de plata
han estado esclareciendo la noche,
y por primera vez en esta vejez de años de verano
he sentido miedo y un leve escalofrío recorrerme.
La lluvia se desliza por mi rostro, mejillas abajo.
¿Quién podría comprender el llanto de un espantapájaros?
Desde hace meses estoy aquí colgado,
sin poder mover la cabeza, condenado a ver el mismo horizonte,
sintiendo la brisa del verano despojarme de una brizna,
y las leves tempestades luchar sin poder arrebatarme
mi sombrero—
sin él ya no me parecería al granjero
y quizás los pájaros olvidaran esta batalla inútil de años
y se acercaran lo suficiente para abanicarme con sus alas.
No que ellos me teman; no que me tengan miedo.
El miedo sólo lo conoce el que se estaciona, el que no vuela.
Yo los he visto acercarse mes tras mes
buscando las semillas y los gusanos en abril,
atacando las tiernas hojas en mayo,
esperando la flor, hasta que en junio el fruto crezca
y en agosto la vid sea una ofrenda en la mano,
una invitación para calmar la sed voraz del verano.
Aun así, esta vida de inclemencias,
de humillación constante, es preferible al granjero,
al desván oscuro,
al olvido entre los trastos, los trapos raídos.

Colgar aquí es preferible
a no poder ver el sol, ni la orgullosa luna, ni los astros.
Aquí oigo al menos los cantos de las aves,
escucho sus venturas y sus cuitas
entre el susurro de los árboles.
Oyéndolos hablar puedo imaginarme el mar,
pues año tras año he visto las blancas y flemáticas aves
       /marinas
desdeñar los frutos de la tierra. Ellas son criaturas encantadas
por las aguas, y ellas surcan los cielos.
¡Oh! que yo pudiera ser una sirena y no un sirviente en
una estaca ...
que pudiera buscar las estaciones y no ser prisionero de ellas.
Pues cuando el calor de esta estación sea una bendición
al lado del océano, yo estaré vigilando los frutos
que tan solo puedo oler, pues no soy mas que esclavo
de los hombres.

Es julio ahora y mis ojos se han cansado de tanto verdor,
del color rojizo de la tierra. Ha empezado a arreciar el calor
y las lluvias son escasas pero torrenciales.
Las cerezas, los duraznos y las ciruelas están a punto
       /de madurar;
y yo siento la necesidad de alguien o de algo, algo
más que el contacto
del granjero arreglándome, que el graznido de los pájaros,
que las caricias de los elementos.
Sí, también pienso en los viajantes que cruzan los caminos,
en sus destinos similares al mío,
y quisiera hablar sus idiomas, decirles adiós, darles voces
de aliento.

A finales de agosto empieza la vendimia
Y en septiembre se desatan las lluvias;
cada día los árboles y la tierra, despojados,
se van quedando como yo—más solos.
Pronto los pájaros comenzarán a emigrar de nuevo,

sus estómagos repletos del rojo de las frutas,
como si llevaran en sus entrañas un cargamento de líquidos
/ rubíes.
Llegará un día en el cual yo presida de nuevo este campo vacío
y no haya nada que cuidar, ni nadie a quien aterrorizar
con mi desparpajo. Hacia el final de septiembre las noches
serán cada vez más claras y transparentes,
los cambios de la luna ya no parecerán tan urgentes
y yo seguiré colgando aquí, hasta que el último fruto
haya sido recogido. Entonces, una mañana, o preferiblemente
un atardecer
antes de dar terminadas las labores del día,
el granjero me descolgará y me llevará a mi cueva
como si fuera un oso dócil en el zoológico.
Pasarán días en los cuales me quede despierto,
con los ojos bien abiertos en la noche, viendo las ratas
masticar mis entrañas, a las cucarachas penetrarme el cerebro.
Luego vendrá el cansancio. El silencio.
Finalmente empezaré a soñar con la próxima primavera,
con las lluvias frías, y el día en el cual me levanten
de mis ruinas
y me coloquen en mi estaca y yo pueda saludar al
espantapájaros
que, en la granja de enfrente,
 también se despierta.
A principios de octubre las noches darán sus cosechas de
/estrellas.
En noviembre llegará la muerte
y yo seré su huésped.

AL FINAL DE LA PRIMAVERA

Para Meg, quien me acompañó

Ahora que la primavera, irrevocable y resoluta
ha llegado de nuevo, como llegamos lentamente
y desnudos ante ciertas conclusiones,
regreso a visitar el parque.
Todo aquí habla de nueva vida
A pesar de que cada día todo muere un poco.

Equiparar la primavera con la juventud
no es suficiente,
y este parque lleno de vida
tampoco puede tomarse como una metáfora
para lo que tú experimentas día a día.

Al atardecer los rayos del sol
se cuelan entre las ramas de los árboles
y sus hojas todavía cambian de color
aunque, como tú, muy pronto reposarán en la tierra;
y los edificios al fondo parecen
jirafas pétreas clavadas en el horizonte.
Este es el instante en el cual las palomas
caminan en manadas, menos nerviosas, exhaustas.
Tú también estás exhausto ante toda esta nueva vida
 mientras un pájaro canta una nota metálica y triste
en el bosque, y tú intuyes
que hay algo que los árboles saben
que no admite respuesta.
¿Cuál es el misterio de las aves que vuelan
a esta hora?¿Hacia dónde se dirigen?
¿Presienten las que mueren
Que este será su último atardecer,
que sus alas no volverán a abanicar el aire?

¿Es por eso que ellas vuelan directo hacia el sol
Como queriendo fundirse en su imagen?

Porque tú no vuelas como un ave,
aunque como ellas también mueres,
te gustaría saber qué mensaje indescifrado
hay en el canto del pájaro
cuya melodía tú no entiendes.

No, repítete a ti mismo: el milagro
de la primavera es mucho más profundo.
Hay una inexactitud en las hojas de mayo
Como si el verde no conociera el hastío.

El ave que vuela, el pájaro que canta, el sol que se pone
no tienen un significado más que el aparente.
Querido corazón, hay ciertas preguntas que no albergan
 /respuestas—
déjate consumir por el milagro de este instante.

LOS HONGOS

Un chubasco amenaza en el crepúsculo ardiente.
Las abejas zumban enfurecidas
en el calor soporífero.
Del bosque emerge un cuervo;
posándose en la torre de la casa
bate sus alas frenéticamente y grita:
"¡No hay aire, tengo sed, me estoy asfixiando!"
Una bocanada de viento
arrastra al cuervo con sus alaridos;
las hojas de los abedules
muestran sus vientres alabastros.
Hacia el este, las nubes plomizas
tienen bordes color grana.

Una ardilla albina sale de las zarzas,
cruza mi camino, se detiene a mirarme
con ojos de rubí como si padeciera de una plaga
y me enseña sus afilados colmillos de rata.
Antes de internarse en el bosque sin senderos
la ardilla, pelos erizados,
la cola arqueada, formando una circunferencia,
gira en cámara lenta.
Avanzo entre los troncos y el espeso ramaje
hasta que en la penumbra pierdo de vista a la ardilla.
Un trueno espantoso, como la tos tuberculosa del cielo,
es seguido por el lamparazo de un relámpago;
por un instante el suelo se ilumina;
estoy en un campo de concentración de hongos muertos.
Mas en el dorso de un tronco inmenso que yace en el musgo
crecen media docena de hongos rojos.
Sus formas gnómicas me absorben.
las gotas de la lluvia rasgan el ropaje del bosque,
y los hongos, humedecidos, resplandecen.

"Son paraguas estacionarios para las criaturas
del bosque", sugiero.
"Son bolas de cristal presagiando maremotos de sangre;
son semáforos para las lechuzas y duendes".
El bosque se barniza
con la fosforescencia venenosa de los hongos.
Arrodillado en el musgo esponjoso
parto un pedazo de la caparazón de un hongo—
una hostia roja—y la recibo en mi lengua.
Entonces imploro: "Droga favorita de los unicornios;
talofita sin clorofila, portadora de los zumos de la tierra;
hongo del abismo encantado,
río por el cual fluimos hacia el otro,
hongo del terror profundo,
fruto de mis alucinaciones,
bendito seas."

Al abrir los ojos la lluvia ha cesado
y los hongos apagan su fulgor incandescente.
El bosque está oscuro.
De mis labios brotan rayos rojizos
como diminutas alfombras persas.
Me pongo de pie y retomo el camino de regreso:
como un dragón lanzallamas
avanzo en las tinieblas
irradiando el carmesí del delirio.

ELEGÍA AL CISNE

para Grace Schulman

Recostado en una silla playera
me conmueve la humildad del océano,
las distancias que ha recorrido
para desdoblarse en rizos espumosos a mis pies.
En la pleamar, iridiscentes serpientes ondulantes
se forman bajo la epidermis aguamarina.
El cielo es una resplandeciente bóveda escarlata;
el atardecer primaveral, un clisé perfecto.

En el caluroso resplandor del sol poniente,
las imágenes son serenas, apacibles, despojadas
de toda urgencia.
La paz de este dócil sosiego
me induce a cerrar los ojos,
y el viejo cisne blanco
que contemplé ayer en el crepúsculo aparece.
Lo veo lanzar su cuello hacia el cielo,
abriendo su pico brevemente
para agujerear mi corazón
con un canto desolado.
Y, en la oscuridad circundante,
escucho el desesperado abanicar de sus plumas despeinadas
cuando zarpa hacia la mortaja purpúrea de su suerte.

EL MUELLE REDINGTON EN SAN PETERSBURGO

se extiende sobre El Golfo de México.
La luna llena pinta
temblorosas avenidas doradas
sobre la superficie del Atlántico.
Vestidos con atuendos apastelados
Los pescadores solitarios,
o en grupos garrulosos,
fosforecen en la oscuridad
con sus propias aureolas.
En la brisa voluptuosa
viaja la voz de un hombre
con un acento que es un canturreo,
"Venimos desde el Valle de Ohio", dice.
Dos mujeres señalan un pescado
flotando verticalmente,
abriendo su boca redonda
para mordizquear el aire.
Una de las mujeres comenta:
"Está listo para flotar panza arriba
a la luz de la luna".
Detrás de mi espalda,
desde la playa,
escucho unos estallidos secos.
Al voltearme descubro,
frente a los condominios
que amurallan la costa,
fuegos artificiales ascendiendo
como desde una fuente,
iluminando maravillosas piscinas,
palmeras, canchas de tenis
que anuncian la vida perfecta.
Tan perfecta como esta paradisíaca noche de mayo.
Hacia el sur, parpadean luces rojas
estacionadas en el horizonte
como una Armada en llamas.

Un pescador saca
un pescado pataleando.
Es un barbudo, un paria
detestado por los pescadores.
Tratando de desanzuelarlo
para regresarlo a su elemento,
el pescador, desesperado, tira de la cuerda
y una punta, como un alfiler doblado,
le sale al pez por un ojo:
de su boca borbotea
un chorro de sangre
de un rojo alucinante.
Desde el entechado,
una garza gris, interesada,
se limpia sus cabellos níveos
soplando en el viento.

He llegado al final del muelle,
y no hay nada más que ver
excepto un telón negro, estrellado,
y las aguas oscuras del Caribe.
Como un pintor nocturno
siento una necesidad de organizar
noche/mar/luna/hombre/bestia
es una escena armónica.
Sin embargo, debería ser suficiente
haber llegado hasta aquí, sin proponérmelo,
sin que nada en mi vida
apuntara hacia este instante,
a la grata sorpresa
de este paraíso sintético.
Silenciosamente, absorto,
tiro el anzuelo de mis preguntas
hacia la oscuridad de la noche,
convirtiéndome en un pescador metafísico.
¿A qué se debe esta necesidad
de plasmar todo lo que me conmueve?
¿Por qué necesito metáforas para explicar lo que veo?

¿Por qué no dejar simplemente
que la realidad *sea*
y sentir el momento?
Un muelle sobre un golfo
es sólo una estructura.
La noche, la luna, la inmensidad del mar,
no son míos ni me pertenecen.
Y no existe lenguaje alguno
que pueda retratar
la trascendencia de este fuego.

MI NOCHE CON FEDERICO GARCÍA LORCA

(Según Edouard Roditi)

Sucedió en París.
Pepe me invitó a cenar
con un tal Federico
que iba rumbo a Nueva York.
Yo tenía diecinueve años.
Federico me llevaba once
y acababa de terminar
una relación en España
con un escultor
que lo había maltratado mucho.
Federico sólo tuvo dos amantes;
él detestaba las locas promiscuas.

Ambos éramos Géminis.
Como la astrología
era muy importante para él,
Federico se interesó en mí.
Hablamos en castellano.
Yo lo había aprendido
con mi abuela, una judía
sefardita que me había
enseñado términos
del siglo XVI.
Todo esto le pareció
muy gracioso a Federico.
Bebimos mucho, muchísimo
vino esa noche.
Por la mañana, al despertarme,
su cabeza yacía sobre mis tetillas.
Cientos de personas
me han preguntado los detalles:
¿Era Federico fabuloso en la cama?

Siempre contesto lo mismo:
Federico era emocional
y vulnerable; para él
lo más importante no era el sexo
sino la ternura.

Nunca volví a verlo.
Se marchó a Nueva York
y luego a Cuba y Argentina.
Más tarde, el segundo amor
de su vida fue asesinado
defendiendo la República.

Todo eso sucedió en París
hace ya casi sesenta años.
Fue sólo una noche de amor
más ha durado toda mi vida.

SAUDADE

Muchacho carioca,
habría que inventar epítetos
para aproximarse a tu belleza.
Al despertarme estas mañanas
descubro que aún mis dedos meñiques
cantan tu nombre, y mis zonas capilares
guardan la tibieza de tu boca.
Muchacho carioca
cuando salgo al balcón
las flores cotidianas me sorprenden:
los pétalos magentas de las begonias
se abren como manos dadivosas,
sus corolas semejan cálices tallados en oro
bordeadas de piedras preciosas.
Muchacho carioca
eres un elíxir desconocido,
me das a probar manjares prohibidos;
no es el amor lo que fluye
entre nosotros, sino lava.
En ti cabalgo el filo de una ola,
me dejo arrastrar par tu oleaje,
buceo y busco hacia un fondo ignoto;
al acariciarte entro al paraíso.
Todo esto me sucede,
muchacho carioca,
cuando tu sensual saudade
enciende mi boca.

Auvers sur-oise, julio 27, 1890

Las calles empedradas de Auvers resplandecen al mediodía,
y el hombre que anhela pintar el sol
camina hacia un paraje
donde las urracas anidan.
A través del verano ha escrito a su madre y hermano:
"Decididamente, Auvers es muy bello;
me siento tranquilo, casi calmado;
me siento capaz de pintar todo esto".

Es pleno verano,
y en su lucha final con la luz,
el hombre de los mil rostros
se imagina en Japón,
se imagina que este devenir del paisaje
es el jardín de las delicias terrenas.
Atrás han quedado sus días de evangelista en las minas,
los ojos de Gauguin, cocuyos enfebrecidos,
iluminando los corredores del asilo.

Con un lienzo blanco bajo el brazo—
su mente tan blanca como la luz estival en Le *Midi*—
él asciende hasta la meseta para mejor divisar los trigales
de tallos y espigas dorados,
listos a desplomarse en las manos.

Pronto el verano será otra historia;
y este hombre ha jurado jamás
volver a pintar otro invierno.
¿Es por eso que los cuervos bajo las nubes son un presagio?
Estrepitosos, como un regimiento de abejas furibundas,
forman una escalera de peldaños azabaches
rumbo al cielo.

Sería difícil saber si la escena es parte
de una historia premeditada;
si la pistola debía ser disparada esa mañana;
o por que el pintor apuntó a su corazón y no a sus sesos.
En ese instante eterno, ese mediodía de estrellas del alma,
¿Vio Van Gogh a su Creador,
de quien había renegado y hacia quien ahora
se apresuraba silencioso, jadeante?

Dos días tarda en morir;
sus ojos no logran contemplar la luz febril de agosto.
"Es inútil, la tristeza perdurará para siempre",
exclama Vincent y expira.

¿DÓNDE ESTÁN LOS COLORES, MASTER TURNER?

Cuando Ruskin explica contundente:
"Con él no había esperanza"
uno se siente tentado a revisar
tu obra temprana
donde todo es una aurora permanente.
En las fotos que tengo de ti—
en los dibujos e ilustraciones de la época—
eres siempre un pequeño hombre gordito
delineado en tinta negra.
Nunca escribiste una frase correcta,
odiabas a los intelectuales
y sólo leías poesía.
Tantos poetas te han pintado
por enseñarles que la palabra es la imagen.
Odiaste a la sociedad de tu tiempo
con sus Milores y Miladies,
y sin embargo tu mejor amigo fue un noble.
Tus pinturas son acerca de la felicidad de la liberación,
especialmente en ese período cuando bajo
la protección del Lord fuiste feliz.
Pero hay una invisible tristeza detrás de cualquier liberación.
Tú lo deberías saber: las cicatrices son imborrables
 siempre estropean las mejores escenas.
Visitaste Venecia tres veces en tu vida,
y la pintaste no como era
(sino como la recordabas), comprendiendo
que la poesía principia en la remembranza.

Algunos de tus contemporáneos—los jóvenes—
te admiraron, y más tarde Kandinsky
veneró tus luces.

Si yo pudiera escoger el cielo de mi muerte
dejaría que tú lo pintaras
utilizando tu teoría del rojo, el rosado y el blanco.

Oh, maestro de la luz—
¿por qué no me pintas un camino con un sol amable
bordado con árboles de frondosas sombras?

CONTEMPLANDO UN PAISAJE DE FREDERIC EDWIN CHURCH

Cinco palomas oscuras en la calle blanca
se alimentan mientras la nieve cae.
Así la memoria divaga
para alimentar la existencia.
El libro que abro ahora, pesado y dorado,
es el libro del pasado, en el cual
los paisajes del siglo XIX representan
un instante de la naturaleza
vestida con las ilusiones del hombre.

Mi mente no esta aquí.
Mi mente y mi memoria no están con la nieve.
Tal vez existirá una memoria de este instante en el futuro,
pero el libro que se abre, con sus páginas
brillantes como el celofán,
me lleva al río de mis sueños,
al río de mi niñez y las memorias de mis abuelos.
Tal vez nunca volveré a pisar sus orillas,
ni veré de nuevo sus horizontes,
ni experimentaré sus ocasos
ni mi corazón palpitará al pensar en
las bestias inimaginables que hierven en sus aguas.
Sin embargo, fue allí donde comenzó el presente,
aunque la tarde que recuerdo,
no como una foto tomada por un ojo inexperto,
sino como un paisaje cincelado con la sangre
de un pintor que conozco, Frederic Edwin Church, por ejemplo,
en busca de lugares exóticos y reales,
es decir, imaginarios, un paisaje
que pudiera hablar como la música,
donde los rojos ejemplifiquen la pasión,
donde los brochazos espesos representen un alma atormentada.
Todo eso está allá, a lo lejos, y no hay ningún pintor
que lo haya pintado, y yo no trato

de recuperar la belleza del río,
sino lo que sentía en ese momento:
un niño sobre un mundo como una naranja inmensa,
indefenso en el recinto de las posibilidades,
un niño que iba al muelle
no a iniciar viajes de conquistas, a desafiar a los dioses,
sino a presenciar el espectáculo
de los barcos que se devoraba el ocaso.
Sí, este es el río de los abuelos,
el río por el cual un día descendieron
y luego habrían de cruzar por el resto de sus vidas.
Este fue el río que ellos le impusieron a sus hijos;
el río que produjo los Ulises y las Circes y las sirenas,
el río que los encantó desde un principio para luego devorarlos.

Fue allí que mi tío Hernán me enseñó "a ser hombre".
 Ser hombre significaba tomar cerveza tras cerveza
hasta la inconsciencia
y luego celebrar la muerte de los partidos
en el único prostíbulo del pueblo
convencidos que en el acto de penetrar una vagina
 sosteníamos el mundo en nuestras manos.
Pronto mis cabellos serán canos
y mi tío Hernán está muerto.
Pero lo que yo recuerdo,
más allá de las circunstancias de su muerte,
mas allá de las cazas nocturnas,
de los pisingos ensangrentados,
que con mis ojos de niño
eran sagrados como el Ibis,
de las historias de brujas y los arroyos tumultuosos,
es la imagen de un adolescente desolado
y sin embargo reconfortado por la naturaleza.
Ahora el río se abre ante mis ojos,
y yo estoy sólo, y afuera cae la nieve.
Pero fueron sus aguas, el ejemplo de los abuelos,
de los pescadores que por las tardes hormigueaban
sobre ese océano en llamas,

que me llevó tan lejos, para que un día
pudiera recordar una imagen, una tarde, un ocaso.

No, los grandes maestros menores,
los que prefirieron el sentimiento y la grandiosidad,
al buen gusto y la frialdad del intelecto,
no imaginaron jamás esta escena.
Sostengo el libro entre mis manos
y los atardeceres bermejos, los soles nublados,
no pueden compararse a ese ojo por el cual en este instante
fluyo hacia las aguas, pintando lo que veo y lo que no veo
para rescatar una parte de quien fui.

Río compañero de ese entonces.
El pueblo ya no existe, o si existe,
la muerte ha empezado a oscurecerlo.
Los que nacen ahora, los que lleguen en el futuro,
nunca conocerán ese momento, y por eso, para ellos,
el río está muerto.
Fluye hacia el mar río implacable,
fluye hacia el sol que devoras
y que a su vez abre su boca para devorarte.
No vuelvas a *mí,* excepto en mis sueños.
Lleva a los vivos, transporta a Ios muertos,
para que en algún lugar en otro universo,
un niño se encuentre solo, abandonado,
marcado para siempre por ese momento
en el cual se detuvo frente a un río,
porque en ese instante comprendió
que todo fluye, que nada acaba,
que el pasado es igual al presente, al futuro,
como lo confirman las imágenes, algunas de sufrimiento,
de esos pintores, que aún ahora
regresan desde sus tumbas
no para mostrarnos lo que ellos vieron un día
sino para obligarnos a entender
lo que nosotros alguna vez vimos.

Al cerrar el libro, la nieve cae todavía,
las palomas han desaparecido y todo está blanco.
Algún día recordaré este instante
y descifraré su mensaje inmaculado de pureza.

DÍAS DE BARCELONA

Pronto habrán pasado veinte años,
que, como dice el tango, son nada.
Tampoco es nada
el cargamento de memorias que hemos
acumulado desde ese entonces;
y son mucho, son demasiado,
las carnes desgonzadas,
las arrugas del espritu
que ninguna cirugía arranca.
Es posible que tus monumentos
hayan envejecido. Mas la patina de sus fachadas
no puede compararse
al derrumbe de mis ilusiones.
Hoy vivo por vivir,
y de las ilusiones de ayer
quedan poemas, memorias borrosas,
cartas que nos atraviesan como puñales.
Últimamente, caminando por las calles,
reconozco en los peatones
los rostros de mis muertos queridos:
Andrés, Mike, Douglas, Luis Roberto,
reencarnados en un gesto; un bucle,
un encuadre chabrolesco.
Quién fui ayer,
y pronto serán veinte años de esto,
 ya no recuerdo.
Lo veo a él, al otro Manrique,
un héroe en una novela de posguerra,
un clásico, un mito
repitiéndose desde siempre.
Hoy soy un extranjero
escribiendo líneas nostálgicas
por épocas en las cuales tampoco
quise, ni fui feliz, ni siquiera yo mismo.

A veces, últimamente, cuando viajo
en el tren subterráneo,
es como si atravesase
diferentes regiones del infierno.
y sé que, aunque vivo,
estoy muerto, y que tan sólo en la muerte,
tal vez, Barcelona, recorreré
de nuevo tus ramblas
buscándolo a él, con su gemir eterno,
tratando inútilmente de completar
las piezas de un crucigrama
cada vez más extenso
e incierto.

Marco Polo, mercader y poeta

Por orden del Gran Khan, catorce naves
zarparon de Ch'uan Chou, cada nave con cuatro mástiles
y tal despliegue de velas
que parecían descender del cielo,
transportadas por una caravana de dragones.
Este no sería el último viaje,
aunque éste era tu viaje de regreso.

Veinte años descubriendo otros mundos.
Mercader que fuiste, insensible al arte y las letras,
desoíste el consejo de Wang Tso:
"Si por diez años
has explorado lugares distintos de la tierra,
no te apresures demasiado por saber
noticias de tu lejana patria ".

Dos años navegas hacia el oriente:
caníbales, amazonas, grifos,
atrás Cipango, donde cada hombre
es enterrado con una perla roja y blanca en la boca.

Cumples tu misión
no por gratitud al Khan, ni a las riquezas acumuladas
sino por amor a la princesa,
quien no alcanza su destinado
aunque sí su destino, su temprana muerte.

Marchas a Venecia: padre, tío, medio hermano,
esclavo, también viajan contigo,
diez y ocho sobrevivientes de más de seiscientos navegantes,
en tu libro ignoras a tus compañeros de viaje
pues eres tu único héroe.

Venecia medieval
con sus mercaderes, una Babel,
los descuartizados en las plazas,
los milagros en los canales,
las guerras y la prostitución y la miseria.

Atrás había quedado el reino de Kubla Khan,
atrás la corte del orden,
del honor y los exóticos placeres.
Atrás las esencias y los inciensos,
la precisión, la Gran Muralla, la magia—
o sea, el polo opuesto de Occidente.

Tu lengua se traba ante este viejo mundo
que ahora ves con ojos diferentes.
Tu corazón es incapaz de regresar a la muerte segura,
o permanecer y vivir, que también es otra clase de muerte.

Entonces caes preso en Génova:
(la verdad, tú buscabas otro público,
otros oídos crédulos para tus historias).

Génova, de la cual Petrarca había escrito:
"Torres que parecían desafiar el firmamento,
colinas vestidas con olivos y naranjas,
palacios de mármol erguidos en la cima de las rocas
donde la naturaleza conquistaba al arte".
Y allí, en la cárcel, Rustichello,
romancero, que quiere decir embustero, visionario.
Uno puede imaginarse (y ver)
la mano que confundió (y fundió)
la realidad con lo imaginario—
uno puede ver la mano que convirtió lo real en romance.
Luego, con el alma y el corazón traicionados,
regresaste a Venecia para practicar la usura
y esperar la muerte.
Entonces, por qué no imaginamos una visita de Dante,
Milione hablándole al Maestro,

en vez del ocaso en el cual finalmente levantaste el ancla
para emprender el viaje sin regreso.

Uno se imagina a Dante, empezando la descripción
del Libro del Mundo, en medio de un bosque oscuro,
y, como en toda *Commedia* que se respete,
descendiendo a un infierno mas frío entre más profundo,
lleno de las nobles e ilustres figuras
con que comienzas tu libro.
Un guía y un amor esperando al final
(he ahí la diferencia)
un tour accidentado por el purgatorio, paraíso, infierno….
Tus ojos desorbitados ya no escuchan la historia, Marco Polo,
por una vez en tu vida (realmente en tu muerte)
te desentiendes de las riquezas y los honores,
tu alma de mercader da paso al poeta.

Sin embargo, yo quiero saber:
¿acompañaste a Virgilio, o encontrándote con Ulises
te embarcaste en otro viaje,
y todavía te encuentras batallando,
buscando nuevas rutas, soñando con tesoros infinitos?

Tu sabías que después de la muerte no ha acabado el viaje.
Tu sabías que la vida comienza donde la muerte empieza.

RECUERDOS

Recuerdo que al despertarme
ramas cargadas de lilas
penetraban por la ventana.
Recuerdo el olor persa de las oleáceas
y cómo, al apartar un racimo de lilas,
el valle, el cielo, las flores silvestres,
las abejas y el sol brillaban;
el río centelleaba
como una avenida acuática de plata,
y naves con velas como velos de novias
lo surcaban.
Recuerdo los arrecifes en la distancia
verdes y rugosos como la cola
de una gigantesca iguana.
Recuerdo el piar excitado de las golondrinas
y sus demenciales piruetas aeronáuticas.
Recuerdo el paisaje afable, domesticado,
y la brisa entre los manzanos,
dulce como una lengua apasionada.
Recuerdo cómo mis carnes gritaban,
"Hoy, en este instante, eres amado y amas".

Recuerdo cómo a la hora vespertina,
en el punto más extremo de Manhattan,
entre Ellis Island y la Estatua de la Libertad,
el Hudson pasa.
Recuerdo que, dándole la espalda al hiperbólico ocaso,
las vidriosas torres de Wall Street,
misteriosas y místicas como torres milenarias,
relucientes en su prepotencia dorada,
son anturios descomunales
encendiéndose de oro y plata, turquí y esmeralda.
Recuerdo que esta isla,
en la cual he saboreado todos los placeres,

no es mi casa.
Recuerdo haber observado desde un piso cuarenta
a una gaviota planear entre los rascacielos,
y a un helicóptero como una abeja metálica
aterrizar sobre un techo como si fuera una corola.

Recuerdo que una noche de insomnio,
arrellanado en un sofá,
miraba a través de la ventana
a las magnolias florecidas
y a la luna color mortaja.
Recuerdo a los escurridizos fantasmas
danzando en puntillas
en un círculo, a la orilla del bosque,
alrededor de una hoguera de luz blanca.

Y recuerdo a un huerto de calabazas maduras
como si fuera un campo de batalla de lunas caídas.
Me acuerdo haberme levantado del sofá,
abrir la puerta y caminar por el sendero.
Me acuerdo que los pájaros nocturnos
trinaban una invitación a cantarle a la luna.
"Ni te atrevas, idiota", dijo enfurecida
la voz selenita.

Recuerdo le respondí sorprendido:
"Luna, no seas ingrata; te he cantado
en todas mis noches de desvelo".
Recuerdo la vasta lista de improperios
que la luna lanzó contra Safo y Lorca,
Cavafis, Shelley y Keats,
Silvia Plath y Leopardi.

Recuerdo un montón de cosas e imágenes:
a la hora de la siesta,
mi madre recortándole las uñas del pie a su amado.
En esa pose mi madre se parecía a María Magdalena.

Otras veces me acuerdo de Julio César, el romano.
Recuerdo que el mes de julio,
cuando todo es verdor y el universo canta,
es su homónimo.
Recuerdo cómo los romanos lo llamaban
el hombre de todas las mujeres
y la mujer de todos los hombres.
Recuerdo que fue aristócrata, *playboy*, soldado.
Recuerdo que cruzó el Rubicón, derrotó a Pompeyo y dijo:
¡todo el mundo sabe lo que dijo!
Recuerdo que fue dictador perpetuo,
que sus compinches lo asesinaron;
que peleó cincuenta batallas y masacró millones,
que creía en las proyecciones astrológicas
mas desoyó la profecía de su muerte.
Me acuerdo que Bruto
le apuñaleó en la ingle;
que al morir, dijo:
¡qué importa lo que dijo!

Recuerdo todo esto y mucho más.
Recuerdo miles de gestos, cientos de hombres,
sus corazones palpitando contra el mío.
Lo que recuerdo no es un collar,
un pendiente que engrana perfectamente,
un pulso que adorna la mano que mueve montañas,
una cadena alrededor del cuello que ha sido amado
mas no lo suficiente.

Recuerdo mis amores y mis odios.
No recuerdo el momento en que nací,
ni cómo concebí mi primer poema.
Y no quiero recordar mi rostro y yo, solos,
confrontando un espejo.
Recuerdo que la muerte es el no recordar.
Yo recuerdo; *ergo* vivo.

MI CUERPO Y OTROS POEMAS

1999

A Josefina Folgoso

…Y cuando me vi en el campo solo,
y que la oscuridad de la noche me encubría y su silencio convidaba a
quejarme, sin respeto o miedo de ser escuchado ni conocido, solté la
voz y desaté la lengua…

El ingenioso hidalgo Don Quijote de la Mancha
MIGUEL DE CERVANTES

MI CUERPO

que con mis ojos
abiertos es mi cuerpo
mi cuerpo que con mis ojos
cerrados es perfecto.
Mi cuerpo que cuando lo miran
tus ojos es tu cuerpo.
Mi cuerpo que sólo debió haber
conocido tu cuerpo
que sólo debió haber amado tu cuerpo.
Mi cuerpo que malgasté
en tantos otros cuerpos.
Mi cuerpo sagrado, mi cuerpo
maltratado, mi cuerpo desgastado
y deshecho. Alabado sea el creador
de todos los cuerpos, de mi alabado,
aventurado, dichoso cuerpo.
Mi cuerpo que sólo existe
para tu cuerpo
que ya no es mío
pues ahora es tu cuerpo.
Toma mi cuerpo, te regalo mi cuerpo
bendice con el calor de tus manos mi cuerpo.
Penetra mi cuerpo
devora mi cuerpo
este cuerpo desdichado,
solitario y sediento
mi cuerpo que aúlla por tu cuerpo
cuerpo sagrado cuerpo de estiércol
cuerpo que sufrió ser mi cuerpo
cuerpo que gozó
tantos cuerpos ahora yertos
tanta tristeza de tantos cuerpos
tantas horas de recuerdos
me ha regalado mi cuerpo
tantas delicias que me proporcionaron
miles de cuerpos
ese regalo sagrado que nos hace sólo el cuerpo.
Este poema es un regalo
de tu cuerpo y mi cuerpo.

Poema de otoño

Hay un río detrás de la casa.
Desde la ventana de mi cuarto
abajo, en la hondonada,
a través del abigarrado
ropaje del bosque,
aparece el río en el otoño
a medida que el mundo
se desnuda y los espacios
se abren. Entonces,
veo una rodaja
del río —un espejo
que refleja los colores del cielo
y también las estrellas.
De repente, después
de una orgía de colores
y el cataclismo de octubre
 cuando las hojas encendidas
se desprenden como una tempestad
de mariposas, las noches
invitan a la contemplación
las estrellas son flores diminutas
puntos tan imperceptibles
que parecen una creación de mis ojos.
Así también es la poesía —-nace
en la imaginación, en el tránsito
del despertar al ensueño.
Mis poemas brotan
no para reflejar al mundo
sino para transcenderlo.

Este otoño no he pensado en la muerte
sino en ti, mi amado.
A medida que el mundo
se desnuda y queda

expuesto a los elementos
—-como los árboles desnudos—-
el milagro del amor
también nos hace vulnerables.

LLAMADAS QUE NO LLEGAN

Esas llamadas
cuando espero con el aliento
entrecortado, el corazón
suspendido
sobre un abismo oscuro.
No pido sino escuchar
tu voz
para que se abran todas las puertas
y ventanas y aires cálidos y frescos
ventilen mis recintos mustios;
no pido sino sostenerte
desnudo
en mis brazos, mis labios adorando
tu piel
que me alimenta.

Esos días interminables
cuando no me llamas
cuando ignoras el efecto
que una palabra tuya,
cualquier palabra,
tendría para apaciguar mi angustia.

El amor me ha arrancado
de la roca a la cual me aferraba
y me lanza hacia
un vacío
donde caigo convertido en piedra.

Porque cuando no escucho tu voz
aún tus mentiras
aún tu indiferencia
no puedo, no quiero
continuar

pues me he transformado
en roca.

Aun así,
con mis versos
quisiera hacerte inmortal
para que la historia te recuerde
como la mayor fuente de placer
que ha conocido el hombre.

Cuando te sonrojas
intimas mareadas planetarias
que comprometen
el equilibrio
de la tierra;
y con solo una mirada
tuya
se hunde el suelo bajo mis pies
creando terremotos
arrasadores
pues eres un Dios
cruel como un Dios
sordo a mis plegarias
indiferente a mis dichas.
Y sin embargo,
te adoro
pues aún el amor no correspondido
es preferible a tu ausencia.
Yemayá, Diosa del Mar y los Amores,
cúrame de este amor,
de esta ponzoña.

POEMA PARA TI

Todo en la naturaleza existe
antes que tú y yo existiéramos
pero estas líneas no existirían sin ti.

Este mes de julio,
con sus tardes lánguidas, hirvientes
y noches escarchadas de diamante,
la vida misma parece detenerse;
el ruiseñor vespertino
con la brevedad de su canto
me recuerda que mi juventud perece,
y que un día, tú también,
perderás tu lozanía.

Estas tardes estivales
los girasoles me recuerdan
el oropel de tus cabellos,
y no hay agua tan clara ni tan prístina
como la luz líquida de tus pupilas.

Estos días de julio
con su desgarro de pasión empozada
tienen tu sello;
y el último deshojar de mi juventud
siempre resplandecerá con tu recuerdo.

POEMA DEL INSTANTE

En este instante
en algún lugar del mundo
alguien se despierta
a la embriaguez del amor.
Una mano lo acaricia
lo convierte en un tejido
de venas que son ríos de sangre;
siente su corazón
abrirse, una semilla seca
que germina en el delta de su cuerpo.

En este instante surcaría
los cielos catóptricos
de esta ciudad de vidrio y acero
donde nuestros vulnerables
corazones — torpes músculos
donde residen el sueño, la ternura—
luchan para no hundirse
en la desolación del no querer
que es la nada.
En este instante
sueño con ese momento
cuando tú me tocarás de nuevo
y cerraré los ojos
y volaré por un cielo nocturno
donde los astros y los planetas
brillen con luces que, al tocarnos,
nos transformaran en ámbar
de fulgor inaudito.
En este instante
en la cara oscura de la tierra
un enamorado sueña
con su amado
un gato con una paloma

un niño con la llave
que abrirá la puerta de la fantasía
y lo convertirá en poeta.

En ese instante nadie
sueña con guerras, ni cataclismos.
En este instante
alguien rompe
las cadenas opresoras
y al despertarse notará que le brotaron
alas en el sueño y volará a otros
mundos de colores de selva.

En este instante, mi amado,
no sabes que pienso en ti.
¿Y si nunca los supieras?
Está bien, porque en este instante
te tengo atrapado en mi poema.

En este instante en que te amo
camino por un bulevar de árboles
espesos y una brisa ribereña
me envuelve juguetona, como te envuelven
mis labios cuando besan la epidermis de tus venas.
Y la brisa dice: Vive,
que en este instante, sólo existen
el amor y su presencia eterna.

AL ERA DE ALABAMA

Al era de Alabama
lo conocí en un laguna mental,
en un bar del Greenwich Village.
al despertarme por la mañana
Al estaba sentado
en mi cama, leyendo un libro de Pauline Kael.
Resulto ser que compartíamos varios amigos.

Al trabajaba en la Biblioteca Pública
de Brooklyn, había leído más libros
que cualquier otra persona que yo había conocido
y, aunque era gago, podía hablar
acerca de sus libros favoritos con una pasión
que me fascinaba.

Tuvimos una breve relación carnal.
Al vivía con David y yo con Bill.
Estábamos a finales de los años setenta
y la promiscuidad era la norma.
Además de ver a Al, yo veía a Walter,
Nicol y a Neil. Los tres eran
rubios y amaban los libros, los tres
me obsequiaban novelas, poemarios.
Al sacó de la biblioteca de Brooklyn
Los Diarios de Dorothy Wordsworth
que conservo hasta hoy día.

Cuando Al se dio cuenta de que además
de vivir con Bill me acostaba con Walter y Nicol
(él también los conocía) dejamos
de acostarnos. En esos días,
muchas relaciones duraban
semanas, días y con frecuencia horas.
Terminamos de amigos aunque existía

en el fondo un cierto resquemor
(el resquemor de aquellos que se han compartido
sexualmente, amándose por un instante).

Unos cuantos años después, Al cayó
enfermo de SIDA. Para esa época
había dejado de beber
y ahora tenía una serenidad,
una sabiduría que no tenía nada
que ver con los libros. Un día
Al me dijo: "Es ridículo decir
que le estoy agradecido a AA por salvarme
la vida. Agradecido es una palabra
inadecuada para describir ese milagro".

Unos pocos días antes de su muerte
fui a visitarlo, pues Al necesitaba
ayuda. Era una tarde lluviosa
de abril y encontré a Al en la sala

de su apartamento —las uñas de sus pies
largas, arqueadas, amarillentas — un olor
apestoso emanaba de su boca. Al
me pidió que le hiciera varias
diligencias: comprarle comida
china, ciertas medicinas que necesitaba.

Al estaba próximo a la muerte.
Algo extraño, aun sublime, había ocurrido:
A pesar de su apariencia de monstruo,
de su mal genio (le había traído algo diferente
de lo que me había pedido),
Al se había convertido
en una apariencia luminosa, trascendental
(furioso por la brevedad de su vida),
se había transformado en una llama radiante, pura.
Ver tal transformación en un ser humano,
en alguien al borde de la muerte,

era un gran privilegio, algo
que también me transformaba.

Ahora, cuando pienso en Al
así es como me gusta recordarlo.
Al murió en abril, uno más
entre los miles que han muerto de SIDA.

TURISMO

Esta noche, en Canaima,
las estrellas brillan
muy bajas, lejos de las luces
del mundo occidental.
Detrás del monte que circunda el campamento
la luna brilla y su resplandor
se levanta desde la selva profunda
como si fuera una cancha de tenis
con sus luces encendidas.

A la medianoche
los cráteres de la luna se pueden
ver con toda claridad,
su luz tan clara
como la de una tarde
lluviosa y argentosa de Manhattan
cuando el mundo
es un film en blanco en negro.

Esta selva es una monstruosidad.
Hay más cataratas en Canaima
que en todas las naciones europeas.

He llegado a esa encrucijada
de mi vida en la cual
todos los caminos desembocan
en el turismo.

Esta necesidad
de ver, comprobar, es una fiebre
contagiosa.

En esta región añorada
explotada
murió mi tío Hernán

cuando el avión en que volaba
detonó
sobre la selva y sólo
su mano fue encontrada por mi tía.
Yo también reconocería las manos
de todos los hombres que he amado,
como reconozco en la oscuridad
la mano de Michael, el hombre
a quien amo.
El tiene la fiebre
del VIH
y yo tengo una relación con él
y con su virus—
el triángulo del milenio.

En esta Canaima
donde todo es desbordamiento
vegetal y mineral,
el ser humano perece más
que cualquier otra forma de vida.

Esta noche, desde esta terraza,
en la mitad de la selva oscura de la vida
agradezco al turismo por traerme
hasta aquí a esta Capilla Sixtina vegetal,
esta Lourdes milagrosa, a revisitar
el pasado y el presente
de la muerte que circunda
en esta morada del amor y del éxtasis.

VIAJE EN TREN AL CAER LA NOCHE

Como miel ahumada
la noche desciende sobre el paisaje
y su oscuridad lo impregna todo.
La luna cuelga en el cielo
redonda, plateada, un punto de referencia
sobre las distancias que el tren devora.
Nubes claras pasan enfrente de la luna;
pensamientos cruzan mi memoria,
interponiéndose entre tú y yo
como la noche se interpone
entre la luna y el paisaje
y la realización de este secreto
es la única sorpresa de este viaje.
La realidad se ha tornado monótona
como la geografía en la oscuridad.
Esta noche viajamos juntos—
esta es la jornada de regreso.
El tren nos lleva de vuelta a nuestro hogar
a los sueños que soñaremos en nuestro lecho.
La noche nos lleva de regreso
 a ese momento en el cual nuestros cuerpos
se acoplen el uno al otro
como el clavo a la pared, el marco al cuadro.
Ahora, junto a ti, sólo sé esto:
la misión de la noche es la de expandirse
a través del continente;
la del tren, conducir a los viajeros;
la de la luna, iluminar el espectáculo;
y la de la nube… ¿pero no es acaso la nube
el pensamiento que se interpone
entre nuestros cuerpos?
¿y no es el pensamiento, lo que separa
el día con mis incertidumbres
de la noche en la cual te amo demasiado?

La ruta desconocida de Amherst

Una tarde de colores otoñales
pasé por enfrente de la casa
de la bella de Amherst
y unas cuadras más adelante
la calle se convirtió
en una carretera que cruzaba
prados, bosques y montañas.
Detuve el coche para recoger un hermoso
muchacho rumbo a las montanas
violáceas en la distancia. Cargaba
una pequeña mochila
y viajaba para observar los colores.

Yo no vivía en dirección de la montaña
sino hacia el norte helado
en una cabaña con un rio en la hondonada
detrás de la casa donde mis visitantes
más frecuentes eran Jake, un perro
pastor alemán, que cuando ponía
sus patas delanteras en mis hombros,
era tan alto como un oso. Su lengua
cálida y áspera me lamia con el vigor
y cariño torpe de un adolescente.
Mis otros visitantes eran una familia
de pavos, veinte o treinta pavos salvajes,
que volaban desde la colina de mi casa
por encima del camino
y caían
estrepitosamente en el bosque, bultos
alados rellenos de plumas.

Han pasado algunos años desde ese otoño.
Ya no vivo en Amherst
y ese muchacho que recogí

ahora ya debe de ser un hombre. Nunca
recorrí la carretera hacia
esas montañas aunque siempre quise hacerlo.
Hoy es un día de otoño en Nueva York
y de esta estación febril
sólo puedo apreciar la dulce luz
acariciando los edificios del alto Manhattan.
Las casa donde vivió Emily Dickinson
todavía esta allí y la cabaña
donde viví estará ocupada por otro poeta.
Jake, el perro lobo, se habrá sosegado
con el paso de los años
y la familia de pavos salvajes
habrá sobrevivido otra estación violenta.
Hoy pienso en ese muchacho
y me lo imagino todavía en el bosque en busca
de colores exaltados, como yo los busco
en este bosque de cemento donde habito,
donde anhelo esa pura exaltación que sólo producen
los colores delirantes de la estación
que es un frágil puente
entre la vida de colores exaltados
y el blancor de la muerte.

LUIS CERNUDA EN SOUTH HADLEY

Para Manuel Ulacia

Una noche de pavor nocturno
termina. Afuera
en el amanecer Yankee
todo está congelado
y la oscuridad no cederá
por horas. Afuera
todo está
en tinieblas y pienso
llamar a un amigo
en otro continente
donde ya es de día,
donde las horas
en las cuales somos
ventrílocuos de los muertos
han cedido a la claridad del día.
Pienso llamar a un lugar
donde los seres despiertos
hayan sacudido
los sueños en los cuales
todavía estoy inmerso.
Todo lo que tengo que hacer
es levantar la bocina
y marcar a París, Madrid, Londres
—ciudades oscuras donde el sol
brilla ahora— hasta que recuerdo
que Sally, Severo y Luis Roberto
están muertos
que sus voces
ya no podrán aliviar
la angustia de estas noches
cuando le pertenezco

a mis fantasmas.
Entonces pienso
no es los muertos lejanos,
sus cenizas diluidas;
pienso en Luis Cernuda,
solitario,
amargado
por un sueño
destruido.
Cernuda, aquí en South Hadley,
hasta que finalmente
puedo verlo
caminando por la calle blanca.
Había terminado la Segunda Guerra Mundial.
al principio le extrañaba
que los cielos cenicientos de Europa
y los ríos sangrientos
de España no existieran aquí
donde la naturaleza era prístina.
Y lo veo también en las noches
de invierno sentado cerca a un fuego,
leyendo, ensimismado,
mientras nevadas masivas sellaban
los caminos a Northampton, a Amherst
donde posiblemente vivía otro poeta
exiliado, pero especialmente
la ruta de Amherst, donde Emily Dickinson
había vivido una vida
en la cual la poesía
era la vida.
En esas noches mudas de South Hadley
en las cuales solo eran audibles
las pisadas de los fantasmas
lejos, muy lejos
de todo calor humano,
Cernuda aprendió a domar su terror,
a desnudarse completamente
hasta que sólo su alma

hablaba, hasta que un día,
como Lázaro, intuyó un calor de luz,
sintió su corazón latir
por la tristeza del perfume de las lilas
fluyendo en sus venas
y decidió regresar al sol,
al colorido del México
que lo llamaba como una sirena.
Con sus ojos
apagados tanto tiempo
por las tinieblas de la historia,
por la frígidas noches
invernales de South Hadley
donde el mundo era un purgatorio
de fuego blanco,
Luis Cernuda levantó vuelo.
Entonces, en su edad otoñal,
por un instante breve
pero eterno, encontró
por primera vez el amor,
escribió sus mejores poemas de pasión
y murió la muerte
triunfal de los grandes poetas.

Variación sobre un tema de Hart Crane

Han pasado muchos años desde que vi
tantas estrellas. Desde aquí,
la oscura tierra, las observo rodeado
de altos pinos negros, guardas y testigos
de los secretos de la noche. Hace años,
cuando prefería la compañía
de las iusiones, deseaba saber sus nombres
como anhelaba conocer mi destino (los cielos
eran entonces un cristal para predecir el futuro).

Las cosas me han sucedido, aunque no
como yo las esperaba. La noche
es tibia, y entre los pinos
y la alta hierba, se esconde una mofeta temerosa,
su apestoso efluvio penetra mis sentidos
y ese olor agridulce punza mi corazón
como lo punzan esta noche las estrellas.

Ahora soy un hombre más cerca
del fin que del principio,
ahora me consuelo con saber que esta noche
las estrellas que veo son las mismas
que sedujeron a mis abuelos y a mis padres
y su fulgor es el brillo de sus ilusiones
esculpidas en diamante.

Lejos de la ciudad, en esta quietud de sombras,
he llegado a una encrucijada en el bosque.
Una conduce a la casa, la otra es una invitación
al bosque profundo donde alces, mofetas y lechuzas
me esperan. Años atrás habría escogido
el camino del bosque. Ahora, me encamino hacia la luz
de la casa, pues las estrellas esta noche son una invitación
a escribir estos versos; y las preguntas que antes ellas
me inspiraban, ahora sé que no tienen repuestas.

Tu arte inmaculado, Billie Holiday

En el hospital Metropolitano,
el 17 de julio de 1955,
a los cuarenta y cuatro años de edad,
la voz destruída,
encadenada a tu lecho,
tus ojos dos algas negras fosforescentes,
las narices taponeadas de heroína,
los sueños perfumados de gardenias,
cantaste tu último *blues*.

Todos los poetas están de acuerdo, Billie,
el día de tu muerte
se instaló perennemente la tristeza.

En tu repertorio
frutos extraños cuelgan
de los arboles sureños—
negros linchados bajo cielos sangrientos.
Tanta crueldad nunca fue tan bien cantada.
De tus labios los sonidos
salen purificados. En tu vocabulario
todo sonido es sacro.
Después de escucharte, Billie,
emergimos pálidos, envejecidos,
desolados para siempre.

DESPUÉS DE ESCUCHAR "LA SONATA DE KREUTZER"

Pozdnischeff atraviesa la campiña nevada
el aire es un tónico
el camino es parejo y hermoso
la escarchada mañana otoñal
brilla asoleada.
Arropado en el trineo,
las primeras notas de "La sonata de Kreutzer"
no le elevan ni le deprimen
el alma a Pozdnischeff—
le parecen simplemente absurdas.
Los celos lo enceguecen
escucha demonios en vez de notas.
Sus ojos húmedos, febriles,
ven la expresión plácida, sonriente
de su mujer y el amante
cuando terminan de tocar la sonata.
Y Pozdnischeff, quien teme el ridículo,
abraza la destrucción de la locura.

Más tarde, lo enardece
la resistencia del cuello de su esposa
y de un golpe
le entierra la daga
en el costado izquierdo.
Nunca olvidará el crujido del corsé,
el cuchillo desgarrando
las membranas
ni el gesto de ella empuñando la daga
para ayudarlo, cuando Pozdnischeff
intenta sacar el cuchillo
para deshacer el daño.

Cuando visita a su esposa
en el lecho de muerte,
el rostro rasguñado, hinchado,
la nariz ensangrentada, le repugnan.

Años después, Pozdnischeff
viajará en trenes por la campiña rusa
y se estremecerá al recordar
ese momento en el trineo
cuando intuyó su mal en los primeros
acordes de "La sonata de Kreutzer".
Tampoco olvidará, y se estremecerá
aún más al recordar,
la expresión de su esposa
quien, al expirar,
en un gesto agónico final
lo mira con una expresión cruel, fría,
de odio infinito.

NOCTURNO EN GREENWICH VILLAGE

Esta noche veo la luna
como la ven esos artistas que han explotado
el perfil de una mujer de nariz respingada,
pómulos salientes y ojeras que son mares de sombra.

¿Será posible que si miramos algo
desprevenidamente, veamos finalmente el cliché
que siempre hemos despreciado?
¿Será posible que el misterio
de las cosas sea tan fácil de descifrar?

Ahora la luna creciente *es* el rostro
de una mujer preñada de luz,
una Mona Lisa celeste, demacrada
por demasiadas vigilias nocturnas.

En el muelle sobre el Río Hudson,
recostados contra las vallas metálicas,
hay parejas de hombres entrelazados
acariciándose delicadamente,
sus caricias una expresión del amor mismo.

Esta noche los hombres
en el muelle son sólo
amantes celebrando su amor bajo
la tutela de la luna. Y esa paloma blanca
que vuela hacia el cielo uvado
es el amor mismo, no el cliché de afiches turísticos;
es la pureza de todo lo que sólo aspira a existir
bajo un cielo sin nubes, diáfano, donde el rostro
de la luna es una ancla de luz y el cielo
una manta que nos cobijará cuando anochezca.

REMOLCADOR

era una de esas palabras
que odiaba en mi niñez.
Otras eran corisa, astromelia,
palabras usadas por los Ardilas—
el clan de mi madre.
Me parecían palabras torpes,
vulgares— palabras de campesinos.

Esta mañana de verano
briosa, azulada, mientras caminaba
enfrente de la Universidad de Columbia
recordé la palabra
remolcador... brotó
de mis labios, un suspiro
que se desvaneció hacia el alto Manhattan.

Es curioso como en días amables
camino hasta el parque,
me siento en un banco a observar
el Hudson, como en otras épocas
contemplaba el Río Magdalena.

Hace diez años, en Santa Marta,
una noche caminando el malecón
encontré una muchedumbre alrededor
de un templete, donde unos estudiantes
entonaban coplas desgarradas
acerca del agonizante
Río Magdalena.
Estaba solo. Era una noche clara
sobre la bahía. El mar
era una seda mortuoria
y su frescor me acariciaba.
Tenía treinta y siete años;

era un hombre maduro.
Ahora, una década más tarde
pienso en esos jóvenes y sus coplas
y siento el dolor y la nostalgia
que ellos sentían.

El remolcador era una cosa
grande, ocre, metálica
que se desplazaba lentamente
por las aguas cenagosas del Magdalena.
Cargaba tambores de gasolina, jeeps,
ganado, costales repletos de cocos secos.
No era una cosa hermosa.
Pero mi familia pronunciaba
la palabra remolcador—
un lazo entre el pueblo y el mundo de afuera—
con una reverencia casi religiosa.

Es curioso cómo he pasado
gran parte de mi vida
en ciudades ribereñas;
cómo el río acabó convirtiéndose
en mi destino.

Aunque ahora, cuando veo
un remolcador surcar el Hudson—
una cosa fea, un mal necesario—
tenga otro idioma para nombrarlo:
como tengo también otro idioma
para nombrar aquel mundo, esa otra vida.

Bogotá

Regresaré y habrá cambiado
como cambian las cosas,
pero las calles que anduve,
mis casas en La Candelaria, en Palermo, estarán allí.
Los eucaliptos perfumarán sus lomas,
los colibríes desangrarán sus atardeceres,
las noches seguirán gélidas, neblinosas
y en la neblina pernoctarán mis fantasmas.

Ciudad donde amé como no he vuelto a hacerlo.
Ciudad que vive en mis sueños, como un ser
viviente con voz y aliento.
Regresaré a buscar un idilio desvanecido
tratando de rellenar mis huellas,
lo que conocí, y los cuerpos que amé
que ya no encenderán mi deseo.

Y en el futuro, mi historia se repetirá,
otro poeta partirá a perseguir sus sueños.
Así es esa ciudad, país donde quiero morir—
un dorado paraíso perdido
cementerio de mis deseos.

INVIERNO EN WALL STREET

La primera nevada ha caído.
La navidad será blanca
como este momento en el parque solitario—
un cementerio en desuso,
y corro en la nieve con los brazos extendidos
mientras pienso: Gracias al Señor Creador
de la nieve. Aleluya por este momento de luz,
por darme este instante,
por darle otra oportunidad a mi corazón y a mis ojos.

Todas las mañanas me levanto
para inspeccionar en el espejo
las arrugas en mi rostro.
Me levanto en un cuarto vacío
con ventanas por las cuales no entran
La luz ni los ruidos de afuera.
Y sin embargo, ¿por qué siento este murmullo?
¿Este sonido que se anida profundo en mi cerebro,
que nunca parte, llenando mi cabeza
como una red tejida por Aracné—
este laberinto sin luz y de telarañas?

Sí, "de placeres y dulzores despojada"
está mi vida. Todo lo que tengo
en la noche es esta luz de luna
que se filtra a través de la cortina.
Entra un viento suave, como un soplo
O un arrullo, y la luna se desplaza
por su escalera de estrellas.
Sólo poseo esa luz nocturna—
blancuzca sobre el vientre—
que acaricia la almohada sobre la cual
yazgo incapaz de conciliar el sueño.

Cuando salgo al día, ataviado
con mis atuendos de invierno,
me quedo traspasado por unos instantes
reconociendo la luz de hoy
siempre hablando un lenguaje diferente,
siempre extraña. En el *Bowery* los desamparados
se congregan alrededor de grandes hogueras,
calentando las manos, para pedir
la limosna de cada día. Sus manos están rojas,
cubiertas de parches verduzcos, de moho,
y los pies son muñones sin forma,
despellejándose, flores marchitas,
la piel abriéndose en pétalos
en un ceñido encaje. Este es el momento
en el cual vuelvo a dar gracias:
Gracias por el techo derruido y el pan duro,
por no ser uno de ellos.

El suelo permanecerá helado por muchos meses,
las calles serán trampas peligrosas.
Camino cuidadosamente
deslizándome sobre el hielo.
Mi corazón también está helado, y desespero
por saber si una vez llegado el deshielo….
Hay días en los cuales sólo creo en esto,
en los cuales desearía descansar para siempre,
un cuerpo helado en la nieve
totalmente rígido y alerta.

"La vía del tren subterráneo es peligrosa"
 y tengo que aferrarme a las columnas.
Los cuerpos cercanos al tuyo
están fríos o cálidos, pero no importa,
es la tristeza en los ojos,
son las miradas indiferentes o inquietas
las que te perturban y cada día,
lo reconozco, las lagrimas brotan
inagotables. Mis pensamientos están

helados, pero estoy vivo, o ¿por qué entonces
fluye desde mis adentros esta fuente cálida?

Wall Street es un valle sin salidas.
Me dejo arrastrar por la multitud,
busco la puerta que me dará la inyección de vida.
Gracias Señor por esta bendición,
porque tuyo es el dolor y el dólar y la computadora.

Cuántos días desde esa primera nevada.
Quemo incienso para la ofrenda,
respiro el humo de cada día.
Canto una canción, repito unas palabras
y me ajusto a mi dieta, a lo que he escogido,
a lo que la vida me ha donado.

Todo el día miro en la distancia
los barcos que pasan, los rompehielos.
Hay días en los cuales la nieve baja
en grandes trozos cubiertos de gaviotas impávidas.
Al mediodía cuando la luz es más fuerte,
a pesar del viento helado, salgo.
Battery Park está cubierto de nieve
los árboles desnudos
despliegan sus cortezas amarillas.
¿Cuántos han orinado en sus troncos
la orina roja de nuestra época?
Me recuesto contra las barandas,
miro al sol, buscando su calor
y si veo la luna sé
que ésta es su estación inhóspita.
Si caminara sobre el hielo, deslizándome
¿cuántos pasos daría antes de que el hielo
se rompiera y me hundiera y me tragara?
¿Qué ve el que se ahoga debajo de una capa
de hielo? ¿Será posible que ya no quiera ver nada?
¿Hasta dónde arrastrará su cuerpo congelado el río?
¿Cómo organizarán la misión de rescate?

Las gaviotas y los patos
vuelan incesantes, buscando algo que comer.
Las palomas rebuscan entre los escombros,
los drogados se recuestan contra los árboles.
A veces la luz es fuerte y los edificios
se humanizan y al calentar un poco
los gorriones cantan y con ellos canta mi corazón.
¡Es justo que exista alguna alegría en mi vida!
Luego salgo del edificio, en fila, como una hormiga,
la luz del ocaso en los días claros
es como el reflejo del interior de una colmena.
Allá, en la otra orilla del río,
se levanta la Estatua de la Libertad,
en su mano una tea encendida
y encima de ella una estrella.
Cuando la multitud me empuja
hacia el subterráneo
pienso en los cielos, en templos a la luna.
Me siento agotado
pero estoy libre por unas horas
hasta que llegue el sueño.
Ahora conozco mis sueños:
tu rostro, con dos ojeras moradas,
flota enfrente de mis ojos.
A veces sueño que estoy dormido.
A veces sueño que estoy despierto.
A veces, últimamente, sueño que no sueño.

Golpea mi corazón, oh Dios multifacético.
Padre, Hijo y Espíritu Santo.
Porque ya no puedo soñar con los muertos,
descubro que he estado muerto todo este invierno.
Sé que después de aquí no hay allá
y escribo en mi diario: "Sin luz y a oscuras viviendo"
mis sueños cada vez más se parecen a la muerte.
Deseo habitar en un cuarto oscuro,
Elaborado como un mausoleo,
Propicio al sueño.

Tarde, todas las noches, el sádico
del apartamento vecino golpea y maltrata
a su perro, mientras grita:
"Muere, muere, muere".
Entonces pienso: ¿cómo pueden los vivos
Ayudar a los muertos? ¿Quién sufre más:
el sádico, el perro o tú escuchándolos?
¿Y quién goza? Cuando tocas las flores
De Wall Street te electrocutas.

Un día de descaso le dio Dios al ser humano
y dos nos ha dado el capitalismo.
Sé que Dios nunca fue generoso
y que su hijo fue aun más tacaño.
Si yo pudiera multiplicar
el vino, el pan, los peces
abriría una fábrica de enlatados
en vez de ansiar ser crucificado.
Hay más de cien caídas al Calvario:
subway, tranvía, pastillas, drogas, sexo.

Bajo el ascensor repleto
y si la luz se fuera
sería como una sala oscura,
un lugar para el sexo.
Los miro entrando en calor
mirando la película pornográfica
en la antesala, en la sala oscura,
antes de entrar. Adentro me esperan los sádicos,
los masoquistas, los masturbadores,
los solitarios, los carteristas, tu *doppelganger*,
el hombre de ahora, de este instante.

Escóndete, amanece, abandona
el recinto. No entregues tu ternura
en un cementerio de chatarra.
Así se repiten los días, las semanas, los meses
hasta que ni las nevadas,

ni el río, ni la luna, y a veces ni hasta la luz
tienen significado.

"¿Quién está vivo en este valle?" grita
el loco, el profeta
el alucinado, el iluminado
el desechado, el escogido.
Gloria al Señor en las alturas, Aleluya,
el Juicio Final está a la vuelta de la esquina
estos edificios se derrumbarán
estas estructuras de hielo y de hierro
estos días de Sodoma y sodomía
y los justos serán llamados.
¿Quién es tu Dios? él pregunta.
¿Quién es tu creador, a quien adoras?
Y tú te alejas del hombre
porque tú también tienes un mensaje:
Padre dólar que estás en el dólar
Santificado sea tu dólar
Vénganos a tu dólar y a tu menudo
Porque en el dólar reside el dolor
Y tu reino.

Sabes que para ti no hay regreso.
Camina, anda, te esperan
cuarenta años en el desierto.
Da gracias, grita tus bendiciones
alégrate de no ser uno de ellos
da gracias al señor creador
de la nieve, de Wall Street
de lo que te has convertido.
Da gracias porque tú sabes que la venganza es eterna.
Salgan de sus sótanos zánganos y cobardes,
despójense de las máscaras y las pompas
rían, canten, celebren.
Yo sé mi oración y mi canción
y ella flota de mi boca:
Bendito sea el Señor y el Dólar

porque así es como termina el mundo
porque así es como termina el mundo
con un desquiciado gritando
mientras la nieve
cae y todos nos alejamos
Aleluya
Aleluya
Aleluya

LAS MUJERES

Ella nos da su sangre, ella nos cría
no ha hecho el cielo cosa más ingrata;
es un ángel y a veces una harpía.
FÉLIX LOPE DE VEGA CARPIO

Cuando uno se despide ellas,
si están en su casa,
te ofrecen un envase de jugo de manzana,
una pechuga de pollo,
una rebanada de queso.
A diferencia de los hombres,
a quienes hay que pedirles las cosas,
las mujeres nos obsequian
almanaques, tarjetas, tortas.
Aprecian aun los gestos más insignificantes.
Si les obsequiamos flores perfumadas como las lilas,
o flores inodoras como las orquídeas,
o flores bellas, pero trilladas, como las rosas,
las mujeres se pavonean como gallinas cluecas
y se sienten amadas, Cleopatras, María Antonietas.
Sin las mujeres no existirían
los placeres burgueses:
ellas inventaron las almohadas,
las sábanas limpias y las recetas—
las feministas añadirían
que el cálculo y la trigonometría.
Hay artes enteras que no existirían sin ellas:
sin Lillian Gish, ni Marilyn, ni Garbo
el cine sería una cueva oscura.

Porque las mujeres —a menos que sean
primas de Emma Bovary— nunca
llevan sus hogares a la bancarrota

aunque las que rigen países o emporios
meten las patas como cualquier hombre.
Porque las mujeres dicen
cosas como, "Te ves divina",
porque son chismosas
y se ríen entre ellas y con nosotros
y escuchan nuestras cuitas.
Porque practican el arte
de la amistad y se sacrifican
por toda clase de hombres idiotas;
porque son temibles si no les correspondemos
sus afectos; porque sin ellas
no existiría la poesía;
porque los primeros poemas
no fueron acerca de las estaciones
sino acerca de un pobre poeta
perdido por una de ellas.
Porque sin "Casta Diva" la ópera sería
aburridísima; porque son delicadas
y se perfuman y usan: pelucas
lentejuelas, zapatillas con tacón aguja,
vestidos justos y bikinis
y, todo, porque se maquillan.
Porque sin ellas Adán tendría
todas sus costillas pero sería un onanista.
Porque son mitad diosas y mitad vacas;

Porque una de ellas parió al hijo de Dios;
porque no hay mujer maluca.
Porque aún la más fea
es maternal y generosa.
Porque no son machistas
y si lo son, no tienen bolas.
Porque sin ellas no tendríamos
 la Mona Lisa, ni los sonetos de Petrarca
ni *La Divina Comedia*.
¿Y qué sería de Romeo sin Julieta?
¿De Don Quixote sin su Dulcinea?

¿De Don Juan y Casanova sin las doñas?
Porque aun si uno a veces las detesta
y usa "mujercita" como el peor insulto,
y no le interesan las mujeres para nada,
el mundo sin ellas sería
como la noche sin la luna
la tempestad sin las centellas.

MI AUTOBIOGRAFÍA

Mi mayor ambición
es la de escribir al menos
un poema que sea leído en el futuro
por algún joven enardecido
quien exclame: "¡Manrique tenía cojones!"
Y este joven querrá haberse acostado
conmigo como yo me habría entregado
a Cavafis, Barba Jacob, Rimbaud, Melville
y sobre todo a Walt Whitman.
Y si llego a la vejez,
y me momifico en la piedad,
que nadie nunca olvide
que fui un borracho
un drogadicto
que por veinte años
vagabundeé por los continentes
me acosté
con miles de hombres
de todos los tamaños y colores
aunque mis favoritos fueron
los muchachos campesinos
y rubios de Nueva Inglaterra.
Y si es verdad
que vendí la sangre
el cuerpo
y hasta perdí mis ilusiones
nunca traicioné el don de mi poesía.

POESÍA

El misterio de la poesía
según Stephen Crane
consiste en que un hombre
puede dirigirse al universo
y el universo
le contesta.

POEMAS

2000 - 2014

EL TIGRE

No el tigre de Blake
de espantosa simetría
ni el tigre de Bengala
de Borges terror
de las riberas del Ganges.
Me refiero al tigre
de la finca de mi abuelo
adonde sólo los valientes
se atrevían. El tigre
sagrado y sangriento
de los mayas, el tigre
de colmillos como
dagas de alabastro,
devorador de becerros y doncellas.
"Se lo comió el tigre"
era la expresión que se usaba
para explicar la desaparición
de cualquier hombre o bestia.

Entrada la noche, el tigre rugía
declarándose emperador de las sombras
dueño y señor de la jungla.
En el cuarto donde adultos y niños
dormíamos en nuestras hamacas,
todos temblábamos de pavor
cuando la *panthera onca*
cantaba su canción
de muerte.

Si repentinamente una tempestad
de lunas ardientes
hubiese irrumpido por la ventana
cerrada, no me habría extrañado
pues nada me asombraba
en aquellos días de ese tigre
que aún me acecha.

EL PATIO DE LA CALLE 58

En la habitación de mi madre
una ventana miraba
el callejón donde
criabámos patos; la otra
se abría hacia el patio
—con sus matas de plátano y yuca—
donde las gallinas, palomas y conejos
se engordaban para nuestra mesa.
Al fondo del patio
por encima de la alta paredilla
se desbordaban los gajos
de los palos de mango y naranja
de los vecinos en la Calle 57.

Recuerdo a mi madre
recostada contra la ventana
contemplando las arenas negras
del patio como una Tahitiana
de Gaugin con ojos brillantes
hipnotizados por una jungla oscura
donde pernoctaba
el tigre de su infancia.

Mi madre colgaba sus manos
del marco de la ventana
para que la brisa le secase
el esmalte rosa
de sus uñas recién pintadas.
Serían las cuatro de la tarde
una hora muerta
entre la luz y la oscuridad
que se avecinaba.

Una noche oscura y helada
en Nueva York, yo me instalo
frente a la ventana del tiempo
para ver lo que ya
no puede ver mi madre.
Ante mí se abre el camino
de nuestras vidas, las estaciones
de buses y trenes
en las cuales nos bajamos
las casas donde vivimos,
otros patios con diferentes
árboles frutales y animales,
y contemplo con mis ojos
disminuídos, el destino
final de mi madre
mas no el mío, pues mis ojos
sólo sirven para ver
el pasado, no para descifrar el fluir oscuro
del tiempo que los devora.

CREPÚSCULO

Tronaba
los relámpagos
 razgaban
la carpa negra
del cielo
con hilos platinados.
Mi hermana María Elisa y yo
corríamos dando alaridos
entre las matas
del patio
y todo el terror acumulado
de nuestra niñez
se desataba con la lluvia.
En ese instante
el tiempo borraba el pasado
sin descifrar el futuro.

En la ciudad,
el aguacero
arrastraba
camiones, buses, taxis
y derrumbaba puentes.
Pero en nuestro patio
con el agua oscura
hasta los tobillos
cantábamos: "Qué llueva, qué llueva…"
y los patos contagiados
por nuestra felicidad
cuac cuaban,
las ranas brotaban
croando de la tierra
 y saltaban entre las gotas
del chaparrón,
las friolentas gallinas

se recogían debajo
del lavadero los conejos
se refugiaban
en sus madrigueras profundas
las palomas arrullaban
en sus palomares.
Turpina, nuestra perrita,
nos miraba asombrada
desde la puerta del corredor
y no se atrevía a mojarse.

Tiritando entrábamos
a la casa y nos secábamos
en el baño entre gritos
y carcacadas.
Luego salíamos a la terraza.
Por la Calle 58 pasaba
un arroyo llano y veloz.
Caía una llovizna pertinaz.
Envueltos en nuestras
toallas playeras
armábamos barquitos
con los periódicos
viejos y los lanzábamos
a su naufragio inminente.

Caída la tarde
Los pocos carros que pasaban
levantaban olas frías
los niños del barrio
chapoteaban en los charcos
con desenfreno.
Los zancudos
atacaban
de súbito.
Cerrábamos
la puerta de la calle
regresábamos

en silencio
a nuestros dormitorios
hasta la hora de la cena—
los niños sin los adultos—
mientras la voz del locutor
en la radio gritaba
los nombres de los ahogados
el número de casas derrumbadas
los puentes colapsados
en los barrios lejos de nuestra casa
hasta que el croar de las ranas
ahogaba la voz del locutor
y el comedor quedaba
a oscuras.

Décadas más tarde, lejos
del tropico desbordado
María Elisa y yo intentamos regresar
a esas tardes de aguaceros feroces,
y buscamos
en vano
la clave del pasado.

Pero en ese crepúsculo
de Barranquilla por allá
a mediados del siglo XX
cenamos en silencio
en el comedor esperando
a que anocheciera.

COMETAS

En diciembre
arribaban
los vientos alisios.
Al atardecer
izaba cometas
en el Parque Recostadero.
Armaba las cometas
con goma, varitas
de paleta y papel cebolla
de colores selváticos.
Los días
transcurrían raudos
como cometas
al viento.
Entrada la noche,
exhausto de correr
con las cometas
en las lomas de El Recostadero,
donde se reunían
los amantes de Barranquilla,
yacía en mi lecho
con mis ojos abiertos
y soñaba con una cometa
que me transportara
hasta la luna sangrienta
del trópico
mientras abajo, en la tierra
donde yo vivía,
los glaciares
se derretían
todos los mares
se sublevaban
y el continente de África
se consumía en llamas.

MEDITACIÓN

Ese espacio de tu piel
encima del tobillo
—tu zapato se ha comido la media—
es una planicie de oro
con suaves hondonadas.
Cierro los ojos,
me imagino acariciarla
y al pisar tu carne
atravieso valles
de arenas movedizas.
Después de explorar
tu superficie—
te penetro una vena.
Linfa arriba, navego
raudales desconocidos
que no aparecen en ningún mapa
y arriesgo mi vida.
Zurco corrientes peligrosas
altas cataratas
llego al ombligo
del mundo. Allá, a millones
de años luz, parpadea
tu corazón.
Entonces salto
sobre la selva amazónica
navego los estrechos
de los Dardanelos, recorro
las estepas de Mongolia
las capas congeladas
de la tierra, escalo
las Himalayas,
las estrellas
una
a
una
mi adoración
hasta llegar
a ti.

LA HORA AZUL

A veces sucede aquí
en Manhattan cuando atardece
y un helicóptero
o una gaviota cruzan
el cielo — me acuerdo
del pueblo donde vivieron
mis abuelos, y esa hora
era un presagio
de los murciélagos que invadían
la casa como cometas oscuros.

Cuando vi esa luz acariciando
los ladrillos del edificio al otro
lado de la calle, me levanté
de la cama donde yacíamos y me acerqué
a los vidrios helados.
Me preguntaste qué hora era
como si yo—igual que mi abuelo—
tuviera el don
de leer los cielos.
Era la hora azul en Manhattan;
estábamos enamorados
y deseaba que esa hora se alargase
para poder siempre vivir en ella.

Semanas más tarde,
una mañana nevosa
te acompañé hasta la avenida
ayudándote a cargar tus valijas.
Mientras esperábamos por un taxi
— te dirigías a tu ciudad
de puentes y estrellas cálidas—
sentí lo irrevocable del momento,
tus ojos se rehuzaron

a encontrar los míos. Te subiste
al taxi y mientras yo miraba
hacia la dirección en la cual
desaparecías, tal vez para siempre,
no miraste hacia atrás,
para sellar el momento.
Ya casi llegando a la esquina
de mi casa, di
un paso en falso y por poco
me estrello contra el suelo.
Sentí un peso enorme
sobre mis hombros, como si
se apoyase un edificio sobre ellos;
sentí todo el peso
de mis cincuenta años.

CARTA A MARÍA ELVIRA

Desde tu casa en una colina
el Caribe fosforece a tus pies.
Me preguntas cómo son
las noches invernales
en este pueblo congelado.
En las noches claras
desde el patio,
bautizo las estrellas
cuyos nombres comienzan
con la misma vocal de tu nombre:
Elisa, Edith, Eloiza, Elvira.
Esta noche
el viento sacude
velos de nieve en polvo
y me invade la sensación
de que ya escribí este poema.
¿Quién dice que el tiempo pasa?
El tiempo ni avanza ni retrocede
ni guarda memoria de los versos
que escribí hace años.
Las estrellas no están
ni más lejos ni más cerca.
Soy yo quien cada vez
estoy más lejos.

FURIOSO

A Josefina Folgoso, *in memoriam*

con la muerte
que se llevó
a Josefina, agarro
las tijeras
al atardecer
y ataco
los racimos perfumados
de campanas blancas
de la albahaca en mi terraza
que en los días preñados
de agosto atraen avispas
y legiones de diminutas
abejas preparando la miel.
En la oscuridad que me abraza
corto los gajos y hago
un ramillete para ti,
amiga querida,
muerta con demasiada premura
cuando tántas otras cosas
se demoran una eternidad para irse.

¡Que se larguen las abejas
con su miel a otra parte!
Nos las quiero en mi terraza,
digo entre dientes.
¿Quién necesita abejas?
Me quejo con amargura mientras corto
las dulces flores de albahaca
para adornar mi pena.

LAS MENINAS

2pm enero 1976
lluvia fría
recién llegado
a Madrid, armado
con mi ambición
y juventud, fui
a El Prado a visitar
Las Meninas.

En el lienzo,
las meninas
un enano que patea
un mastín de paciencia infinita
una enana que nos mira
con odio y Diego Velázquez
(mejor parecido
 que cualquiera de los Habsburgos
 y su servidumbre)
compiten por la atención
del espectador, aunque
nadie posa con mayor
osadía que la Infanta
Margarita Teresa.
Aderezada en sus sedas
doradas y plateadas,
ella es consciente
de ser el centro
resplandeciente de un imperio
tan vasto que compite
con la Roma Antigua.

Si nos perdemos
contemplando el drama
y los símbolos

observamos que la Infanta
no posa para nosotros
los plebeyos a quienes sólo
ha oteado desde balcones
y carruajes—nosotros
no tenemos nada
que ella desee.
La Infanta Margarita Teresa
posa para la eternidad.

Su mirada petulante
dice: "Soy la niña más rica
del mundo; mis caprichos
son leyes".

La pobre Infanta me inspira
lástima: yo sé que pocos
años después del instante
captado por Velázquez
ella dará luz a deformes
delfines muertos, frutos
de sus antepasados
incestuosos;
que ella morirá
apenas pasados los 20 años
en la corte helada de Viena.

En enero de 1976
igual que esa niña fea
e imperiosa, yo tampoco
sospechaba que la obra
maestra de Velázquez
con sus recovecos barrocos
tensiones y pesadillas
enjoyadas me perseguiría
el resto de mis días.

MEMORIAS FANTASMAS

A Jimmy Luna

Los poemas todavía contienen
imágenes a colores, pero las estrofas—
películas cortas en cámara lenta—cuentan
historias con actores desconocidos.
Ya no siento esa compulsión de escribir poemas;
prefiero releer a Szymborska,
Cavafis, Bishop, Góngora,
Quevedo, Emily Dickinson.

Hoy los poemas que no plasmo
 en la página me importan tanto,
no—¡más!— que mis torpes
y repetitivas palabras, y la melancolía
permanente de mis notas.

También canjearía todos mis versos
por ese beso cuando tu lengua
me arrancó hasta el alma
y, por un instante infinito,
 nos entregamos todo.

Hoy nada es más sagrado
que ese instante cuando dos seres
se reconocen, sin defensas, y heredan
el fantasma de la memoria.

La mirada desnuda de Jaime Manrique

Dionisio Cañas

Si no fuera por esa cicatriz que acaricia el viento, que se abre y se cierra con el clima de nuestro corazón, según lo manda el tiempo, caprichoso y despiadado, que hace y deshace nuestra vida a su antojo, si no fuera por esa hermosa cicatriz que es la poesía, la vida sería siempre el fluir monótono de las aguas que nos llevan de la cuna a la sepultura. La poesía, la sutura de una memoria herida, intuye que nuestra existencia se termina en un abrir y cerrar de ojos. *La otra verdad, la más urgente, / como el río, / es el viaje sin escalas / hacia la muerte* ("De un Manrique a otro").

Jaime Manrique, escribe su poesía como el testigo emocionado que vigila su propia vida y la de los demás, la de sus seres queridos, la de sus poetas amados y amadas, la de sus artistas preferidos, la del mundo que lo rodea donde la fauna y la flora se metamorfosean en su propio cuerpo. Esplendor, resplandor de la naturaleza y del cuerpo que emocionan a una mirada desnuda que indaga en su pasado colombiano, en su infancia, en su siempre presente Nueva York, en un posible futuro de retorno al país natal: *Así es esa ciudad, país donde quiero morir— / un dorado paraíso perdido / cementerio de mis deseos* ("Bogotá").

Vivir la muerte es una tarea que nos impulsa, paradójicamente, a la creatividad, a la escritura, a la poesía. Jaime se desliza por esos pasadizos de la memoria (su niñez en Colombia) en los cuales siempre se abren y se cierran puertas. Para el lector cada poema es un umbral por el que se puede penetrar en la mirada desnuda de Jaime Manrique. Una mirada que a veces es sensual y, casi siempre, elegiaca. Su poesía es el canto del que espera, tanto de la vida como de la muerte, una hermosa sorpresa, inclusive más allá de la muerte: "Polvo serán, mas polvo enamorado"; o más allá de Quevedo, como dice el propio Jaime Manrique dialogando con Marco Polo, "Tú sabías que después de la muerte no ha acabado el viaje. / Tú sabías que la vida comienza donde la muerte empieza".

Aunque a veces el dolor parece empeñarse en derrumbarlo, como persona y como "escriba" de su propia vida, siempre se levanta, siempre se pone en marcha y recoge los trozos de su vida destrozada para recomponerse, para componer un mosaico de palabras que le permitan seguir siendo ese ser que nunca se rinde.

Dolido, sí, decaído quizás, pero nunca abatido, Jaime Manrique en su poesía recorre el camino que lo ha llevado desde ser el niño amado por sus padres, y su familia en general, al joven que ama, cuerpo tras cuerpo, y que se entrega como amante a más de un desconocido, una aventura que no siempre termina bien. Pero es en esa aventura del ser y del ver, del estar y del mirar, donde se desenvuelve toda su obra.

Como lento secretario de sus propias vivencias, personas, plantas, animales, cosas y casas, objetos y pensamientos, pueblan sus poemas engarzándose en el hilo de una sentimentalidad, de una sensibilidad, que le da vida a la muerte, que reaviva lo inerte y lo estanco, que reconduce su mundo por las venas orgánicas de la escritura hasta el corazón del lector o la lectora que se asoma a su mundo.

Sin duda a veces la melancolía muestra sus garras entre los versos de Jaime Manrique, no obstante, es siempre una melancolía positiva, celebratoria de un pasado que quiere compartir con los vivos y con los muertos. Tanto amor no puede quedar sin recompensa, tanta abundancia de pérdidas penosas necesitan una escritura que entusiasme. Y así es, desde un habla cotidiana y sencilla, Jaime Manrique nos acerca a su mundo vivido y soñado, al ensueño de un paraíso que sin duda redime el infierno que a veces pueden ser los otros.

En la poesía de Jaime Manrique no hay tregua para una lectura perezosa: desde el primer poema al último nos involucra como si fuéramos los cómplices y los testigos de su propia vida, de su desnuda mirada al mundo, nos compromete con su exaltación de la naturaleza, con su ardor erótico, con su incansable beso a la vida y a la muerte. No hay tregua, no, para poder olvidar, para descansar, cuando se empieza a leer esta colección de poemas selectos de Jaime Manrique.

Extremadamente pulcro en escoger sus palabras, Jaime Manrique nos ofrece una poesía susurrada al oído, sin grandes aspavientos, sin retórica, haciéndonos cómplices de su escritura que más que ser una escritura es un hablar, un decir, un compartir tranquilo la conversación consigo mismo y con nosotros, sus lectores y lectoras.

Ya sabemos el cómo, ahora hay que preguntarse el por qué, el por qué Jaime Manrique, que habitualmente escribe su prosa en inglés, su poesía la escribe en español. Quizás todo tenga que ver con que su poesía es una poesía en espiral, una espiral que gira alrededor de sí mismo, de un yo generoso porque quiere compartir su escritura y su vida con un tú, con los otros, y en espiral porque vuelven, una y otra vez, a aparecer en todos sus libros dos espacios vitales: Colombia y Nueva York, además de otros lugares, otros espacios que se tratan como lugares de paso en el ámbito de su nomadismo voraz.

Jaime Manrique escribe poesía en su lengua materna porque fue en esa lengua en la que aprendió a amar y ser amado. Sin duda después vendría una juventud y una madurez en la que el amor por la lengua inglesa sería tan poderoso como el de su amor por la lengua española, pero la poesía siempre nos arrastra hacia el vientre de nuestra madre, a ese estado fetal donde antes de nacer escuchamos la música de un habla y de unos ritmos que son los que nos marcarán para siempre. Es en el amor donde está la respuesta a toda pregunta que se haga a nuestro ser a través de la poesía.

El amor también es un lobo, / es un andar por un bosque oscuro, / es una noche peligrosa con promesas de estrellas ("Los lobos"). Sin duda el amor es un abismo en el que nos precipitamos una y otra vez; hermoso abismo al que nos lanzamos siempre como si la experiencia del desamor, y del amor traicionado, no nos enseñara nada. Parece inútil cualquier intento de apresar el amor: *Ahora que el amor se ha marchado / Nuestras lamentaciones no tienen sentido* ("Celebración"). La elegía en Jaime Manrique puede ser un canto o un llanto silencioso, pero nunca *self-pity*, esa autocompasión tan frecuente en la poesía amorosa. El corazón puede estar desgarrado pero su lenguaje no es desgarrador, sino más sereno.

Es cierto que en la poesía de Jaime Manrique se constata que a veces ese mismo amor puede haberle llevado a asomarse a otro precipicio, al del suicidio (real o metafórico), pero como hemos dicho antes, el poeta parece sobreponerse siempre a cualquier desdicha, por dura que sea ésta: *He empezado a olvidarte. / En la lucha entre la vida y la muerte / Escojo la vida* ("De alta"). *Se sobrevive cualquier cosa: /La pérdida del amor, / la falta del amor, / el amor mismo* ("Sobrevivir"). Pero por sinceras que sean sus palabras, libro tras libro vemos como el poeta persiste gustosa y voluntariamente en el hermoso error de enamorarse, una y otra vez, como si nada hubiera aprendido de sus previas experiencias: *El amor también es así, / cuando podemos rememorar por la noches / esos días perfectos / en los cuales triunfamos / sobre la muerte y el olvido* ("Últimas palabras"). El amor, como su ausencia, parece ser el vidrio, la ventana a través de la cual puede observar con entusiasmo el mundo, la naturaleza y la ciudad, desde una sensibilidad poética.

El secreto escondido detrás de que amemos el amor es que quizás inconscientemente amamos para recordar, para fijar un tiempo y un espacio, por fugaz que haya sido ese tiempo, por sencillo y humilde que haya sido ese espacio donde una vez amamos y fuimos amados. En uno de los mejores poemas de Jaime Manrique, "Recuerdos", este escribe: *Recuerdo que esta isla, / en la cual he saboreado todos los placeres, / no es mi casa [...] Recuerdo miles de gestos, cientos de hombres, / sus corazones palpitando contra el mío [...] Recuerdo que la muerte es el no recordar. / Yo recuerdo; ergo vivo.*

No solo de recuerdos vive el hombre. La poesía en Jaime Manrique es un cuerpo y es su cuerpo. El erotismo, la sensualidad, irrumpen con una poderosa presencia en su último libro, *Mi cuerpo y otros poemas* (1999). Ahora ya no es el momento de recordar, sino de fundirse apasionadamente con el cuerpo ajeno y con la escritura; algo así como si hacer el amor y escribir versos fueran una misma cosa, un mismo impulso de identificación con el otro y con la otra, la poesía: *Mi cuerpo que cuando lo miran / tus ojos es tu cuerpo / [...] Mi cuerpo que sólo existe / para tu cuerpo / [...]Este poema es un regalo / de tu cuerpo y mi cuerpo* ("Mi cuerpo").

Esta carnalidad de la escritura y del cuerpo del amor, puede ser engañosa, puede llevarnos a creer que la poesía de Jaime Manrique solo es una manera de afirmarse a través de su autobiografía en forma de verso. Resulta sorprendente que sea precisamente cuando más directamente habla de sí mismo, de su cuerpo, que a la vez sea cuando más claves nos da sobre su pensamiento poético, sobre el origen y la intencionalidad de su poética en general: *Así también es la poesía —nace / en la imaginación, en el tránsito / del despertar al ensueño. / Mis poemas brotan / no para reflejar al mundo / sino para transcenderlo* ("Poema de otoño").

Cuando el cuerpo se funde en la escritura, sudamos tinta, escribimos con nuestra propia sangre. Este pacto autobiográfico del poeta solo puede producir una poesía auténtica, sin tapujos ni mentiras, una mirada desnuda que nos invita a hacer el amor con la poesía y en la poesía. Nadie puede hablar mejor que el propio poeta de la intencionalidad de su poesía, por eso dejo aquí mis elucubraciones para que sea Jaime Manrique quien resuma lo que yo he intentado decir en estas palabras: *Mi mayor ambición / es la de escribir al menos / un poema que sea leído en el futuro / por algún joven enardecido / quien exclame: "¡Manrique tenía cojones!" / Y este joven querrá haberse acostado / conmigo como yo me habría entregado /a Cavafis, Barba Jacob, Rimbaud, Melville / y sobre todo a Walt Whitman [...] / Y si es verdad / que vendí la sangre / el cuerpo / y hasta perdí mis ilusiones / nunca traicioné el don de mi poesía* ("Mi autobiografía").

Dionisio Cañas

www.ingramcontent.com/pod-product-compliance
Lightning Source LLC
Chambersburg PA
CBHW021233090426
42740CB00006B/516